O *Livro Vermelho* de C.G. Jung

Dados Internacionais de Catalogação na Publicação (CIP)
(Câmara Brasileira do Livro, SP, Brasil)

Boechat, Walter
    O *Livro Vermelho* de C.G. Jung: jornada para profundidades desconhecidas / Walter Boechat ; prefácio de Sonu Shamdasani. – Petrópolis, RJ : Vozes, 2014.
    Bibliografia.

    3ª reimpressão, 2021.

    ISBN 978-85-326-4831-0
    1. Jung, Carl Gustav, 1875-1961 2. Psicanalistas – Suíça – Biografia 3. Psicologia junguiana 4. Reflexões I. Shamdasani, Sonu. II. Título.

14-06823   CDD-150.1954

        Índices para catálogo sistemático:
    1. Jung, Carl Gustav : Psicologia analítica
            150.1954
    2. Psicologia analítica junguiana   150.1954

Walter Boechat

O *Livro Vermelho* de C.G. Jung

Jornada para profundidades desconhecidas

Prefácio de Sonu Shamdasani

EDITORA
VOZES

Petrópolis

© 2014, Editora Vozes Ltda.
Rua Frei Luís, 100
25689-900 Petrópolis, RJ
www.vozes.com.br
Brasil

Editoração: Fernando Sergio Olivetti da Rocha
Diagramação: Sheilandre Desenv. Gráfico
Capa: Aquarella Comunicação & Marketing

ISBN 978-85-326-4831-0

Editado conforme o novo acordo ortográfico.

Este livro foi composto e impresso pela Editora Vozes Ltda.

Filêmon
Fonte: *O Livro Vermelho*, p. 154 (Liber Secundus, capítulo XXI).
Direitos gentilmente cedidos ao autor pela Editora Norton.

Abrir o Livro Vermelho *é
semelhante a abrir a boca dos mortos.*
HILLMAN, J. *Lament of the Dead.*

Sumário

Índice das ilustrações

ÍNDICE DAS ABREVIATURAS

LV: O *Livro Vermelho*: *Liber Novus*. C.G. Jung. Edição e introdução: Sonu Shamdasani. Petrópolis: Vozes, 2010.
MSR: Memórias, sonhos e reflexões. Prefácio de Sérgio Britto. Rio de Janeiro: Nova Fronteira.
OC: Obras Completas de C.G. Jung em 19 volumes. Petrópolis: Vozes, 2011.

PREFÁCIO

30 de dezembro, 1913, Küsnacht, Suíça. Durante o inverno mais rigoroso, Jung se vê em suas fantasias no deserto líbio e encontra o velho anacoreta cristão, Amônio, e o encontra lendo. "Nesse estágio de sua carreira, Jung já havia lido inúmeras obras, bem como recentemente lera uma volumosa coleção de análise hermenêutica de textos em *Transformações e símbolos da libido...*, mas Amônio passa a dar ao 'eu' de Jung uma lição de como ler um livro".

> Tu sabes que se pode ler um livro diversas vezes – talvez tu o saibas quase de cor, e, apesar disso, quando olhas para as linhas que estão diante de ti, vão aparecer coisas novas para ti, ou terás mesmo ideias totalmente novas, que não tinhas antes. Cada palavra pode agir criativamente em teu espírito. E mais, se puseres de lado o livro por uma semana e o retomares, depois que teu espírito sofreu nesse meio-tempo diversas transformações, nascerá para ti mais do que uma nova luz.

Amônio continua explicando para o "eu" de Jung que ele está lendo os evangelhos procurando "o seu significado a respeito daquilo que ainda virá". Nessa passagem, *Liber Novus*, o próprio livro na voz de um de seus personagens nos instrui em como lê-lo. Eu li pela primeira vez esse diálogo em 1996, e ele tem me assombrado e me instruído à medida que eu continuo a trabalhar o *Liber Novus* e os *Livros Negros* de Jung, no ascetismo do academicismo.

Walter Boechat apropriadamente caracteriza o *Liber Novus* como uma obra com face de Janus, apontando tanto para o passado quanto para o futuro. Como um historiador engajado na tarefa complexa de editar o trabalho para publicação, meu olhar esteve necessariamente fixado no passado, ou seja, para contextualizar a obra e sua gênese para facilitar sua leitura. Para fazer isso é essencial que se afaste os olhos das preocupações do presente.

Liber Novus apresenta uma oportunidade sem precedentes para uma nova compreensão do pensamento de Jung, em particular, a interligação entre o seu trabalho "esotérico" sobre suas próprias fantasias e seus trabalhos "exotéricos" acadêmicos. Ao mesmo tempo ele mantém aberta a possibilidade de um revigoramento da psicologia junguiana. O primeiro caso é objeto do trabalho de um historiador, o último é tarefa do psicólogo.

Uma vez publicado, o destino de um livro depende de sua recepção ativa: como aqueles que o adquirem o lerão e por sua vez o levarão a outras pessoas. Por sua revisão da tradução do *Liber Novus* para o português, Walter Boechat contribui para o que Walter Benjamin teria chamado o seu "desdobramento contínuo" em uma nova cultura, permitindo que o livro tenha uma nova comunidade de leitores. Ele agora encarou o desafio de refletir sobre o que o livro possa significar para o futuro da teoria psicológica e para a psicoterapia. Assim fazendo, ele ofereceu pontes entre o passado e o futuro do livro, abrindo caminhos que são saudáveis e instrutivos e que oferecem uma oportunidade para a psicologia junguiana começar de novo por meio de religações de conceitos com a base imaginal de onde eles se originaram e, uma vez feito isso, revitalizando-os com vigor novo.

Sonu Shamdasani

I
PRÓLOGO

Realizam-se a cada três anos os Congressos da Associação Internacional de Psicologia Analítica (Iaap). O último congresso teve lugar em Montreal, Canadá, em setembro de 2010. A Associação congrega instituições junguianas reconhecidas de todo o mundo. Grande número de analistas de várias partes do mundo comparece aos congressos, onde são debatidas e avaliadas as últimas concepções e aplicações teóricas e culturais da psicologia analítica. Uma das presenças mais significativas no Congresso de Montreal, talvez a mais esperada, foi a de Sonu Shamdasani, editor do *Livro Vermelho*. Shamdasani teve duas participações, em uma conferência à noite e um debate no período da tarde, tendo sido bastante aplaudido. Diversos analistas levantaram questões para o palestrante. Achei significativo que boa parte dos participantes iniciava sua pergunta agradecendo ao conferencista a sua valiosa contribuição para um melhor entendimento da psicologia analítica e de seus conceitos com sua detalhada pesquisa sobre o *Liber Novus*. Considero importante esse fato, pois ele em si já é uma demonstração da intensa repercussão do *Liber Novus* na comunidade junguiana e da importância do trabalho de Shamdasani como editor do livro. Mas ao mesmo tempo suscita uma questão não totalmente respondida: Qual a real contribuição da edição do *Livro Vermelho* para a compreensão da psicologia analítica? Terá o livro uma influência marcante também na abordagem clínica junguiana atual? Essas são questões sobre as quais desejo me deter ao término deste livro.

A coordenadora do painel do qual participei, Janice Quinn, presidente da Associação Junguiana de Washington, comentou comigo, quase que por acaso, em uma conversa sobre a influência do *Livro Vermelho*: "os originais do livro ainda estão em exposição na Biblioteca do Congresso (Library of the Congress) em Washington, com grande sucesso". Foi uma informação bem importante para mim, pois pretendia retornar ao Rio de Janeiro passando por Washington, onde iria visitar minha sobrinha e rever certos pontos da cidade, com seu fascinante museu, a National Gallery. Iria, além disso, passear pelas belas ruas de Georgetown, revendo suas livrarias e um pouco de seu passado. Nesse momento, a visita à Library of the Congress se tornou obrigatória em meu roteiro por Washington. A Biblioteca do Congresso é um dos locais mais sagrados do país, onde estão em torno de 147 milhões de documentos e imagens e mais de 33 milhões de livros escritos em centenas de idiomas. Entre os documentos mais sagrados estão os registros originais relacionados à fundação do estado americano e sua constituição, seus preceitos republicanos fundamentais[1].

Ao chegar à Biblioteca do Congresso, com sua ampla área arborizada, vi de imediato um grande *banner* alusivo à exposição do *Livro Vermelho*, com figuras de Jung, fotografias dos originais do livro e de algumas de suas imagens . O *banner* já era visível a uma boa distância, dando um destaque especial à exposição. Já tinha tido notícia que abertura da mostra fora meticulosamente planejada com palestras de analistas junguianos mundialmente conhecidos. A exposição acontecia após o grande lançamento do Livro

---

1. Sobre os dados da Library of Congress, cf. o site oficial da livraria: http://www.loc.gov/index.html

Ilustração 1 Foto pessoal junto à Exposição do *Liber Novus* na Livraria do Congresso – Washington, 2010.

Fonte: Foto do autor.

no Museu de Arte Rubin de Nova York, também um evento sofisticado em seus detalhes.

Creio que a exposição dos originais do *Livro Vermelho* feita de forma cuidadosa e detalhada no Edifício Thomas Jefferson da Livraria do Congresso, ao lado dos históricos documentos dos fundadores da República, é bastante significativa. Será essa exposição um símbolo de uma maior aceitação das propostas junguianas depois de grande rejeição do meio acadêmico no século passado? Haverá agora uma maior abertura para o universo do simbólico e do intuitivo? É algo que talvez seja ainda cedo para se afirmar. Voltaremos a essa questão no decorrer deste livro, mas sem dúvida a psicologia analítica adquiriu uma penetração e desenvolvimento nas mais diversas áreas da cultura que nem o mais otimista dos seguidores de Jung teria imaginado em décadas passadas.

Ilustração 2 *Liber Novus* **na Livraria do Congresso – Washington, 2010.**
Fonte: Foto do autor.

Outra experiência internacional bastante significativa com o *Livro Vermelho* foi a que tive em Zurique, durante uma reunião administrativa da qual participei do Executive Committee (Comitê Executivo) da Iaap (Associação Internacional Junguiana). O comitê se reúne todo ano, geralmente em Zurique. Bem próximo ao hotel onde nos reunimos em fevereiro de 2011 está o belo Museu Rietberg, não grande demais, mas organizado com o esmero suíço em seus detalhes e dedicado "à arte não europeia", no caso, a arte africana e asiática. Esse foi o museu escolhido para a exposição do *Livro Vermelho* de Jung na Suíça, segundo seus organizadores, pelo grande interesse de Jung pela arte e cultura orientais. Caminhei a curta distância que separava o hotel do Museu Rietberg, situado em uma colina coberta de árvores e neve. Cheguei a um museu muitíssimo bem-organizado, com um setor dedicado ao *Livro Vermelho*.

Sem dúvida era uma exposição extremamente rica, com pinturas feitas por Jung nos anos de juventude, desenhos de mandala e diversas produções durante a fase de escrita do *Livro Vermelho*. Fiquei surpreso ao ver um vídeo no qual o próprio Jung era personagem, esculpindo a famosa pedra angular na qual aparece o deus *Telésforo* (cujo nome significa *aquele que conduz à completude*) em seu jardim junto à Torre de Bollingen. Entre as obras plásticas mais interessantes estava a estátua que Jung erigiu retratando o deus fálico de seu primeiro sonho de infância, ao qual deu o nome de *Atma Victu* (*Alento da Vida*). A estátua do deus foi deixada por Jung nos jardins de sua casa em Küsnacht.

Recentemente, na Bienal de Veneza de 2013, o *Livro Vermelho* também esteve presente com destaque. A temática da mostra se intitulou O Palácio Enciclopédico, um museu imaginário que se proporia a conter todo o conhecimento da humanidade, da descoberta da roda aos satélites. O *Liber Novus* e suas imagens ocuparam local de destaque, uma demonstração da importância cultural do livro.

Ilustração 3 **Liber Novus no Rubin Museum of Arts – Nova York, 2009.**
Fonte: Fundação Philemon.

Todos esses eventos e acontecimentos no mundo todo, inclusive a bela e histórica edição do *Liber Novus* pela Editora Vozes em 2010, falam da enorme repercussão da obra entre os estudiosos e pesquisadores da psicologia analítica e entre o público geral. Ainda é cedo para termos uma visão real da profundidade dessas influências. Mas o simples fato de que as circunstâncias pelas quais algumas das criações mais marcantes e fundamentais de Jung finalmente agora vieram à tona já é fato a ser saudado com entusiasmo.

2
INTRODUÇÃO

O *Livro Vermelho* ou *Liber Novus*, como o chamou Jung, vinha sendo objeto de intensa curiosidade desde as publicações das memórias de Jung, *Memórias, sonhos e reflexões*[2]. Nele Jung se refere ao *Livro Vermelho* no capítulo intitulado "Confrontações com o inconsciente", quando narra os momentos de crise pelos quais passou logo após a separação de Freud em 1913. Um dos apêndices do livro é um texto com referências ao *Livro Vermelho* e seu significado na vida de Jung. Quando de sua escrita, entre os anos de 1913 até 1930, exemplares da obra circularam de forma restrita entre amigos e pessoas do círculo íntimo de Jung. Esporadicamente, trechos do livro ou mesmo algumas imagens foram publicadas, por exemplo, no livro *C.G. Jung, Word and Image*[3], obra editada pela secretária de Jung, Aniela Jaffé. Nele há uma seção dedicada ao *Livro Vermelho*, com algumas imagens comentadas. E não foi muito mais do que isso. A decisão final de Jung de manter a obra afastada do público em geral prevaleceu, não sem certa ambivalência, pois em diversas partes do próprio livro fica claro que Jung desejava sua obra conhecida, apesar de tudo.

Mas somente quase quarenta anos depois de seu falecimento seus herdeiros deram permissão para que o *Livro Vermelho* fosse

2. = MSR. Prefácio de Sérgio Britto.

3. JAFFÉ, A. *C.G. Jung: Word and Image.* Princeton: Princeton University Press.

tornado público. A época dessa autorização após muitos debates ocorre no ano 2000[4], um ano dos mais significativos de mudança de milênio, em um momento de grandes transições culturais. O *Liber Novus* é o nome que Jung dá a sua obra. Por que terá ele escolhido esse nome? Realmente o livro já é original em sua apresentação medieval, em suas letras góticas, em sua estrutura na qual o conteúdo escrito se intercala com ilustrações belíssimas cuidadosamente feitas pelo próprio autor, que encontra, dessa forma, uma maneira original de expressar vivências subjetivas difíceis de exprimir apenas pela linguagem lógica. As ilustrações seriam uma maneira simbólica divisada por Jung para exprimir o quase inexprimível, conteúdos situados nas fronteiras do compreensível. Como veremos posteriormente, as ilustrações surgem em momentos de esgotamento de explicações ou descrições lógicas e Jung lança mão da expressão estética para exprimir esses instantes fundamentais.

O historiador inglês nascido em Cingapura, Sonu Shamdasani, foi a pessoa autorizada a editar a obra. Shamdasani é um pesquisador que tem em seu currículo pesquisas sobre a história da medicina, da psicanálise e depois pesquisas históricas fundamentais sobre a psicologia analítica[5]. Com a escolha de um historiador para ser o editor do *Liber Novus* (e não um analista junguiano), priorizou-se a questão da articulação histórica das experiências criativas do *Livro Vermelho* com os conceitos teóricos formulados na obra completa a partir dessas experiências. O lançamento do *Livro Vermelho*, em primorosa edição de Sonu Shamdasani, ocor-

---

4. Cf. a introdução ao *Livro Vermelho* por Ulrich Hoerni, da Fundação para as Obras de C.G. Jung (Nome atual para a anterior Sociedade de Herdeiros de C.G. Jung).

5. A respeito das publicações seminais de Shamdasani sobre a psicologia junguiana, cf. o artigo *Memories, Dreams, Omissions*, e o livro *Jung e a construção da psicologia moderna – O sonho de uma ciência*.

reu em outubro de 2009. A repercussão mundial da obra foi enorme, tendo traduções imediatas em diversas línguas, sendo a edição brasileira da Editora Vozes ocorrida no ano de 2010 também com grande repercussão. Em dezembro de 2012 o LV já tinha vendido mais de 100.000 cópias em diversas línguas, além do original em inglês: em alemão, italiano, espanhol, japonês, português, francês, tcheco e romeno[6].

O *Livro Vermelho* é a principal iniciativa da Fundação Philemon, organização que tem por fim a publicação das obras completas de Jung. Pesquisas das obras não publicadas de Jung demonstraram que os dezenove volumes publicados nas chamadas *obras completas* não abrangem a totalidade de seu material escrito. Na verdade, as obras não publicadas abrangeriam praticamente o dobro das obras até aqui publicadas como completas![7] Há diversos seminários, cartas, comunicações, conferências ainda não publicados, incluindo-se aí o *Livro Vermelho*. Tudo isso soma um riquíssimo material de pesquisa da obra junguiana aguardado com vivo interesse[8].

Em livro de alguns anos atrás[9] Shamdasani afirma que é fundamental a publicação da obra integral de Jung para se ter uma imagem mais real do fundador da psicologia analítica. O pesquisador faz um estudo de diversas biografias e demonstra que

6. Comunicação da Fundação Philemon sobre as estatísticas do LV até aquela data e outros dados da fundação. Encontráveis no site da International Association for Analytical Psychology (Iaap): www.iaap.org

7. Na verdade, a tradução exata do título original *Collected Works* das chamadas *Obras Completas* de C.G. Jung pela editora inglesa Routledge ou pela norte-americana Princeton é *Obras Coligidas*, isto é, escolhidas, selecionadas, e não *Obras Completas*.

8. Além do *Livro Vermelho*, a Fundação Philemon já publicou, até dezembro de 2012: *Seminário de sonhos de crianças – Notas sobre um seminário dado em 1936-1940* (traduzido pela Editora Vozes); *The Jung-White Letters* (2006); *Introduction to Jungian Psychology – Notes on a Seminar in Analytical Psychology Given in 1925* (2012). (Comunicação da Fundação Philemon).

9. SHAMDASANI, S. *Jung Stripped bare by his biographers, even*, 2005.

muitas afirmações sobre Jung estão muito distantes de quem ele foi realmente, distorcendo a percepção do criador da psicologia analítica e de sua obra. A publicação do *Liber Novus* faz parte desse movimento da busca do Jung real e das premissas básicas da psicologia analítica.

Detalhes do complexo processo de editoração da obra a partir do original em alemão pela equipe da Fundação Philemon já havia circulado na internet em impressionante vídeo. Depois, tivemos ocasião de acompanhar o pré-lançamento da primeira edição pela editora anglo-americana Norton se esgotar rapidamente já em anúncio na livraria virtual Amazon.com e outros sites da internet, antes mesmo de chegar às livrarias.

A edição brasileira do *Livro Vermelho* guarda as mesmas características da edição original pela editora anglo-americana Norton de qualidade de impressão, onde o fac-símile da cópia caligráfica do livro de Jung, sua forma medieval de escrita, a letra gótica e as gravuras em têmpera guardam a mesma qualidade de impressão. Por contrato editorial a impressão final foi feita na famosa gráfica Mondadori, de Verona, a mesma onde foram impressos os originais da obra.

Podemos considerar o *Liber Novus*, sem receio de estarmos exagerando, como um dos mais importantes lançamentos editoriais dos últimos tempos. Se o livro autobiográfico *Memórias, sonhos e reflexões* produziu grande impacto por suas revelações, o *Liber Novus* tem impressionado ainda mais por seu riquíssimo conteúdo simbólico, sua narrativa em forma de uma confissão subjetiva extremamente sincera e seu papel fundamental na gênese da obra criativa de Jung.

Para detalhar um pouco o quanto o *Livro Vermelho* tem um papel relevante na gênese da obra teórica posterior de Jung podemos mencionar algumas considerações de Shamdasani sobre o tema. Este lembra[10] que o livro foi produzido a partir do outono de 1913, uma época na qual diversas elaborações teóricas de Jung já estavam organizadas de forma clara e constituíam as bases de seu pensamento. Devemos lembrar que Jung já tinha desenvolvido a essa época toda sua Teoria dos Complexos a partir dos testes de associação de palavras. Esse trabalho iniciou-se a partir de 1902 no Hospital Burghölzli. Toda uma teoria da dinâmica psicológica das neuroses e das psicoses já tinha se desenvolvido. Também as bases para a Teoria dos Tipos Psicológicos, com as noções de extroversão e introversão e da oposição entre pensamento e sentimento, já estavam postuladas a esse tempo, embora a forma final de sua tipologia só viesse a ser publicada no livro *Tipos psicológicos* em 1921. Mesmo uma descrição inicial de dois tipos de inconsciente, uma camada pessoal e outra mais geral, coletiva, com suas *Urbilden*[11] uma primeira formulação que antecedeu aos conceitos de arquétipo e *imagens arquetipicas*, já tinha sido feita no livro *Símbolos da transformação* de 1911[12].

As brotações criativas posteriores derivadas diretamente das vivências do *Liber Novus* se referem ao conceito central da obra junguiana do processo de individuação, as diversas figuras mitologizadas e personificadas da *persona*, da sombra, da *anima* e do *animus*, a complexa simbologia do *si-mesmo* com suas representações abstratas, como a *personalidade-mana*, que no *Liber Novus* é incorporada principalmente pelo mago Filêmon, o guia interior.

---

10. Cf. as correlações entre o LV e a obra teórica de Jung na introdução de Shamdasani ao *Livro Vermelho – Liber Novus: O Livro Vermelho de C.G. Jung*, 2010.

11. *Urbilden*: original alemão para *imagens primordiais*.

12. É necessário enfatizar que a edição de *Símbolos da transformação* que temos acesso normalmente é a das OC, vol. 5, revista e ampliada por Jung em 1951. Nela, evidentemente, já estão colocados em sua forma final e acabada os conceitos de arquétipo e imagem arquetípica.

O próprio Jung afirmou que o *Livro Vermelho* se tornou a base de todo o seu processo criativo posterior[13].

O livro é principalmente uma demonstração viva e espontânea da técnica de imaginação ativa, maneira que Jung sistematizou para um confronto criativo com as imagens do inconsciente. Todo o *Liber Novus* é um desdobrar constante de uma riquíssima imaginação ativa, uma polifonia de vozes interiores, um diálogo criativo com as imagens internas autônomas e uma integração gradual à consciência das potencialidades do inconsciente criativo.

O presente trabalho não pretende evidentemente esgotar todos os aspectos trazidos pelo LV. O *Liber Novus* é uma obra ainda em processo de assimilação cultural pela contemporaneidade. Seus efeitos sobre a comunidade junguiana, e mesmo sobre a psicologia, de um modo geral ainda é algo em discussão e avaliação[14]. Pretendemos levantar aqui apenas algumas questões que julgamos de interesse, questões que nos impressionaram como bastante significativas não só para a compreensão da obra de Jung, mas que lançam luz sobre o grande mistério do que é a natureza humana e sobre essa dimensão nova que Jung e Freud desvendaram para a contemporaneidade: o universo do inconsciente e possíveis maneiras de abordá-lo.

---

13. Essas configurações emergentes no LV foram elaboradas primeiramente no ensaio *A estrutura do inconsciente*, de 1917, publicado como apêndice em OC, vol. 7. Podem de forma muito sucinta ser definidas como: a *persona* como uma formação de compromisso entre o ego e as necessidades de adaptação ao social; a *sombra*, personificação de conteúdos incompatíveis com a atitude consciente, contendo ao mesmo tempo as sementes para o desenvolvimento futuro da personalidade; a *anima/animus* a personificação de uma complementaridade de gênero no inconsciente de homens e mulheres; o si-mesmo como a representação de um centro ordenador da psique e ao mesmo tempo sua totalidade. A presença dessas figuras durante todo o processo de maturação da personalidade e como orientadores do processo psicoterápico fazem da psicanálise junguiana uma abordagem extremamente personificada e viva.

14. Stanford Drob, em *Reading the Red Book* (2012), tece extensas considerações sobre possíveis efeitos do LV sobre a psicologia contemporânea de modo geral. Em 2011 o *Journal of Analytical Psychology* organizou simpósio para avaliação dos efeitos do LV na comunidade junguiana até aquela data. Algumas conclusões desses trabalhos são discutidas no cap. II.

3
A GESTAÇÃO DA OBRA

Minha vida é a história de um inconsciente que se realizou.
C.G. Jung. *Memórias, sonhos e reflexões.*

A crise de metade de vida de Jung

Jung encontrava-se aparentemente em situação sem saída, necessitando reformular toda sua visão de mundo quando começou a escrever esse notável *Livro Vermelho*. Acabara de romper com Freud, decisão que lhe custou não poucas amizades e a sólida proteção da instituição da psicanálise, que a essa época, 1913, já ganhara significativa notoriedade em toda a Europa. Jung foi um dos importantes defensores do movimento encabeçado por Freud, tendo sido inclusive o primeiro presidente da Associação Psicanalítica Internacional (IPA). Já havia deixado em 1909 o Hospital Burghölzli e seu trabalho com o cargo de *médico-assistente* junto a Eugen Bleuler, dando por encerrado o chamado *período psiquiátrico*, o primeiro de seu longo e fecundo caminho criativo. O término com Freud e o encerramento nos trabalhos com a cátedra de ensino na Universidade de Zurique logo depois deram continuidade a um encerramento de vínculos com as instituições.

Essas fortes mudanças ganham expressão metafórica no *Liber Novus* naquilo que Jung denominou o confronto entre o *espírito do tempo* e o *espírito das profundezas*. São duas vozes que se contrapõem apontando caminhos diversos. Fica evidente que o *espírito do tempo* representa a perspectiva das instituições, a aquiescência aos grupos sociais, a fácil adaptação aos valores impostos de fora, os envolvimentos superficiais com os valores da *persona*. Já o *espírito das profundezas* personifica uma nova voz, algo renovador que brota do mais profundo, a voz poderosa do *vocatio*, que impele a um salto para o desconhecido interior e o trilhar pela *longissima via* nunca antes trilhada. Essa voz é algo irresistível que impele quem a ouve a caminhar por caminhos novos.

O começo de todo esse processo se deu com uma impressionante visão que Jung narra também em seu livro MSR como marcando os inícios do difícil período por ele denominado *confrontação com o inconsciente*:

> Aconteceu em outubro de 1913, quando estava sozinho numa viagem, que fui de repente surpreendido em pleno dia por uma visão: vi um dilúvio gigantesco que encobriu todos os países nórdicos e baixos entre o Mar do Norte e os Alpes. Estendia-se da Inglaterra até a Rússia, das costas do Mar do Norte até quase os Alpes. Eu via as ondas amarelas, os destroços flutuando e a morte de incontáveis milhares. Esta visão durou duas horas, ela me desconcertou e me fez mal. Não fui capaz de interpretá-la[15].

A visão repetida ocorrendo em outubro de 1913 tem de início um sentido bastante significativo e premonitório para o mundo objetivo, pois em agosto de 1914 a Europa entraria em um processo de enorme dor e destruição, que seria a primeira grande guerra com seus três milhões de mortes e inenarráveis sofrimentos. A visão inclui precisamente as fronteiras europeias que seriam posteriormente cobertas com um mar de sangue e cadáveres. Entretan-

---

15. Cf. C.G. Jung, MSR, p. 210 e tb. *Livro Vermelho*, p. 231. Em MSR Jung relata que a visão durou "cerca de uma hora".

to, devido às intensas vivências de transformação psicológica pelas quais Jung passava, somos inclinados a entender a visão *também* de forma subjetiva, como *também* descrevendo a revolução interna pela qual passava o autor. Ele atravessava, o que ele mesmo definiria mais tarde, uma *crise de metade de vida*[16]. Estava com trinta e sete anos, e sua separação da significativa figura de Freud e do movimento psicanalítico foi uma das manifestações mais significativas do seu profundo período de mudança interior.

A questão da doença criativa

O *Liber Novus* aparece assim em um momento de grande mudança, e é nesse instante que as experiências do *Livro Vermelho* tomam lugar. Aqui poderíamos também procurar entender as experiências de Jung dentro do processo que o historiador suíço Henri Ellenberger definiu como *doença criativa*[17]. Ellenberger descreve um fenômeno de crise psicológica aguda, na qual personalidades criativas passam por período de isolamento introspectivo, questionamento e crise de adaptação à sua rotina cotidiana. Depois desse período, emergem renovados, com novas idéias; renovados e trazendo questões conceituais novas, verdades das quais toda a cultura poderia eventualmente ter proveito. Assim aconteceu com Fetchner, considerado um dos precursores da psicanálise, que, após crise pessoal que incluiu distúrbios físicos de perda de visão, emergiu com o conceito do *princípio do prazer*, provavel-

---

16. *Crise de metade de vida*. Expressão cunhada por Jung e explicada em diversas passagens na OC e seminários, p. ex., em *O eu e o inconsciente*. OC, vol. 7/2. A expressão se refere ao momento existencial da vida, aproximadamente na meia-idade, quando os investimentos de interesse deixam de estar focados no mundo externo, em vida afetiva e conquistas profissionais e o mundo interior passa a desempenhar o papel principal de interesse. Ocorre então um processo que o grego antigo chamava de *metánoia, transformação da mente*.

17. O historiador suíço Henri Ellenberger, em *A la découverte de l'inconscient*, descreve o fenômeno que chama *doença criativa* em Freud, Jung, Fetchner e outros personagens criadores.

mente um dos precursores do conceito de libido por Freud. Também o próprio Freud passou por um período de *doença criativa*. Confrontado com as questões de incesto, parricídio e a sexualidade infantil em sua própria autoanálise, passou a ter desmaios quando visitava o túmulo do pai. Com os desmaios, sintoma de sua doença criativa, Freud estaria expressando o profundo conflito entre seus impulsos parricidas inconscientes e a culpa pela morte real do pai. Perguntava-se então Freud: "Serei eu um histérico"? Os desmaios de Freud, a cegueira de Fetchner e os estados alterados de consciência de Jung são citados por Ellenberger como alguns exemplos de *doença criativa*[18].

Alguns criticam a denominação *doença criativa* como inadequada por patologizar demais algo que não seria em si patológico, mas criativo e saudável. O termo de Ellenberger é realmente polêmico, pois inclui as palavras *doença* e *criativa*, a primeira relativa a algo patológico e indesejável, a última trazendo o sentido de algo procurado e muitíssimo importante. Valorizo essa abordagem do historiador suíço, pois o criativo está sempre nos limites da patologia, embora sejam, ao mesmo tempo, opostos. É um verdadeiro *coniunctio oppositorum*, como o chamaria Jung, uma conjunção de opostos no inconsciente. O homem criativo trafega nas malhas do patológico transformando chumbo em ouro, como um alquimista. Consideramos o *Liber Novus* um contínuo processo de transformação desses polos. Trataremos desses limites entre o criativo e o patológico no *Livro Vermelho* mais em detalhe no capítulo 6, adiante. Essa questão trata do quanto Jung como pessoa foi transformado por seu processo interior que resultou na produção do *Liber Novus*. Na verdade o *Liber Novus* pode ser visto como um processo de autoanálise criado pelo próprio Jung, no qual *ele é o paciente, o método e o próprio terapeuta*. Esse intenso confronto com

---

18. ELLENBERGER. Op. cit., p. 373-374, 554-555.

o inconsciente lançaria as bases para criação de seu próprio método terapêutico.

Jung fala sobre o desencadeamento desse processo:

> Quando tive, em outubro de 1913, a visão do dilúvio,
> isto aconteceu numa época que foi muito importante
> para mim como pessoa. Naquele tempo, por volta dos
> meus quarenta anos de vida, havia alcançado tudo o que
> eu desejara. Havia conseguido fama, poder, riqueza, sa-
> ber e toda a felicidade humana. Cessou minha ambição
> de aumentar esses bens, a ambição retrocedeu em mim,
> e o pavor se apoderou de mim[19].

Todo seu mundo interno, toda sua herança pessoal como homem rigorosamente educado em cultura europeia de valores so-
fisticados, tudo isso estava sendo posto em xeque e sendo levado
pelas águas. A morte de símbolos significativos, um verdadeiro
processo de *transvaloração de todos os valores* (Nietzsche), colocava
todas as referências anteriores em questão. Como lembrou Jung
na ocasião: "pensei que meu espírito havia ficado doente"[20]. Todo
o caráter dramático da visão repetida de Jung ocorre no início da
escrita do *Liber Novus*. Sincronisticamente também, a Europa está
mergulhando em sua terrível crise da primeira grande guerra. A
visão de Jung tem também um caráter bastante espontâneo, ocorrendo em viagem de trem de Zurique a Schaffhausen[21].

Os sonhos de infância de Jung e o *Liber Novus*

Todos esses fatos acontecidos em poucos meses que antecede-
ram à primeira grande guerra podem dar a impressão que o *Livro
Vermelho* foi fruto dessa profunda crise de metade de vida de Jung,

---

19. *Liber Primus*. "O reencontro da alma", cap. I, p. 231ss.

20. Ibid., p. 231-232.

21. Cidade ao norte da Suíça, cerca de 50km de Zurique.

de sua separação de Freud e todos os outros eventos dessa época. Entretanto, é minha opinião que devemos raciocinar tomando a psique de um gênio criador *dentro de uma perspectiva de processo,* um processo contínuo em toda sua vida. O *que eu desejo sugerir é que devemos procurar a gênese da produção do* Liber Novus *não na crise de metade de vida de Jung, mas em seu desenvolvimento psicológico anterior.* Seus sonhos e experiências de infância já falam de um processo gradual de desenvolvimento que se revelará de forma evidente no *Liber Novus.* Nessa fase inicial de vida já se colocam questões existenciais em fase germinal; o ego infantil, em suas fases iniciais de organização, tem grande proximidade de símbolos do si-mesmo, símbolos que prefiguram em forma criativa, crises, questões existenciais, problemas básicos de todo o processo de individuação. Uma familiaridade com os primeiros capítulos de MSR nos dá chaves importantes para a compreensão do *Livro Vermelho.* Também os mitos familiares de Jung, questões transgeracionais, são pistas de entendimento para sua obra posterior. Isso porque a obra criativa de Jung é a expressão teórica de seu processo de individuação: *Jung, sua vida, sua obra.*

Para termos uma ideia mais precisa de como os conteúdos inconscientes já emergiam na psique do pequeno Carl em seus primeiros anos, devemos primeiro lembrar que Jung nasceu em 1875 no interior da Suíça, na aldeia de Keswill, no cantão da Turgóvia, em um ambiente medieval. Devemos ter em conta que por essa época nenhuma das grandes invenções da Modernidade tinha ainda acontecido, como automóveis e aviões. Além do mais, o pai de Jung era pastor protestante e todo o ambiente familiar era permeado de religião. A infância e os anos de adolescência de Jung são dominados pela questão da religião e os hábitos de um tradicionalismo extremo.

Os fatos de infância narrados pelo próprio autor em MSR são de uma sinceridade comovente. Transmitem também a questão da espiritualidade brotando com intensidade em um psiquismo infantil de forma natural. Assim, quando desenvolve uma relação especial com determinada pedra, e ao sentar-se sobre ela para perder-se em pensamentos, é tomado por uma curiosa fantasia: Seria ele que, estando sentado na pedra, pensaria sobre ela ou seria ele que seria pensado pela pedra?[22] Outro fato interessante narrado é o hábito que o pequeno Carl tinha de conservar um fogo aceso em buraco de pedra no muro da casa de seus pais. Esse era o seu fogo, o fogo da vida, fogo perpétuo que deveria ser mantido aceso para sempre[23].

Uma forte fantasia o acompanhou desde a adolescência, a de ter duas personalidades: ao lado do jovem que vivia seu cotidiano com suas inseguranças e incertezas, a personalidade número 1, seria também um circunspecto senhor do século XVIII, sua personalidade número 2. A ideia de uma dupla personalidade também atribuiu à sua mãe, uma senhora obesa e protetora, convencional, por um lado, e por outro tendo também um aspecto imprevisível e estranho. O próprio Jung sentia-se compartilhando com essa segunda personalidade de sua mãe, muito intuitiva e perceptiva de realidades irracionais. Relatou como exemplo desse lado irracional o episódio em casamento no qual relatou estória fictícia para exemplificar uma questão que era exatamente a estória de um personagem sentado frente a ele. Causou então forte mal-estar e não pôde concluir sua estória[24].

Esses exemplos apontam para uma intuição precoce em Jung de que haveria no inconsciente um outro centro diferente do ego, uma personalidade mais diferenciada que representaria um potencial inconsciente com valores diferentes dos da consciência.

---

22. MSR, p. 49.

23. Ibid.

24. Ibid., p. 66ss.

Essas intuições vão encontrar um lugar privilegiado no *Liber Novus*, onde Jung pode usar de representações metafóricas para o *outro centro* da personalidade (mais tarde conceituado na Obra Completa como *o arquétipo do si-mesmo*) e que aparece no *Liber Novus* como o espírito da profundeza, como Elias e finalmente como Filêmon.

O primeiro sonho lembrado pelo autor acontece com a idade incrivelmente precoce de três a quatro anos. Nele, o pequeno Carl descobre um buraco na terra, na ravina próxima ao presbitério onde trabalhava seu pai. Ao descer, entra em câmara com luz fraca. No centro encontra-se uma espécie de altar coberto com um tapete vermelho onde se vê uma forma semelhante a um tronco de árvore coberta de carne, com um olho fitando o alto. Ele ouve então a voz de sua mãe gritando: "Esse é o comedor de gente". Acorda aterrorizado[25].

Esse sonho acompanhou Jung durante toda sua vida e se tornou fonte de muitas reflexões que o acompanharam até os anos da velhice, tal o poder da imagem. Esse primeiro sonho da vida de Jung encerra questões religiosas e metafísicas centrais em seu pensamento, formando o núcleo de seu mito pessoal.

Evidentemente ocorreu a Jung o que ocorre para a criança em geral em relação aos seus sonhos mais significativos. A personalidade da criança, estando ainda em formação, está muito próxima ao inconsciente. Apresenta ainda um pensamento mágico, o conto de fada e o mito fazem parte atuante de seu dia a dia. Seus sonhos possuem, frequentemente, intenso material arquetípico do inconsciente coletivo[26]. Esses grandes sonhos infantis marcam toda a vida da criança e estão conectados ao seu mito pessoal. A

---

25. MSR, p. 40.

26. A crença universal no "anjo da guarda" que protege a criança em sua fragilidade é expressão dessa proximidade do ego infantil do arquétipo. O anjo da guarda nesse caso é uma personificação do *Daimon* pessoal, o espírito guardião.

natureza arquetípica do grande sonho infantil não pode ser compreendida e só muito mais tarde parte de seu complexo significado começa a fazer sentido. De qualquer forma, esse núcleo de representações inconscientes tem uma eficácia simbólica muito grande e irá operar no decurso dos anos, de uma forma ou de outra, consciente ou inconscientemente. O ego consciente poderá ou não integrar parcialmente esses conteúdos, mas esses podem atuar na vida também de forma autônoma[27].

Em pesquisas posteriores com mitologia comparada, intensificados a partir dos primeiros anos do século XX[28] Jung pode perceber a importância do culto do falo das religiões pré-cristãs, os deuses ictifálicos como Príamo e Hermes representando a fertilidade dos homens e mulheres, da terra, dos animais. A vida, enfim, brotando e assegurando a continuidade das gerações. Essa e outras vivências do menino Carl trouxeram para sua infância uma experiência de marginalidade, sentindo-se à parte dos colegas de colégio e da maioria das pessoas, inclusive dos adultos. Ao mesmo tempo, tais vivências representavam um forte chamado em direção a sua individualidade ao seu processo muito particular de homem criativo.

A questão da exclamação "é o comedor de gente" remete a questões de canibalismo que estão associadas aos fundamentos da religião. Somente quase quarenta anos depois, ao pesquisar mitologia para escrever seu livro *Símbolos de transformação* (1911), começou a perceber as implicações antropológicas e mitológicas de seu sonho de infância. O capítulo 13 do *Liber Secundus*, *O assassinato sacrificial*, também pode ser considerado uma elaboração crua dessa questão.

---

27. Sobre a importância de sonhos infantis, cf. JUNG, C.G. *Children Dreams Seminar*. Princeton [Philemon Series] [*Seminário de sonhos de crianças*. Editora Vozes, 2011].

28. Cf. a importância dos estudos de mitologia comparada em Jung e na psicanálise dos inícios do século XX em SHAMDASANI, S. *Jung e a construção da psicologia moderna – O sonho de uma ciência*, p. 157-158.

O sonho do falo subterrâneo contém aspectos bastante impessoais. Ele estaria dentro da categoria dos *grandes sonhos*, ou sonhos arquetípicos. A interpretação posterior que Jung dá a esse sonho é de que ele apresentava a ele uma deidade ctônica, subterrânea, totalmente fora dos cânones da religião instituída. Na verdade o pequeno Carl sempre vira com desconfiança a relação do pai pastor com a religião, os rituais lhe pareceram sempre automáticos e vazios de uma autêntica vivência religiosa. Sofreu verdadeira crise religiosa durante o ritual de sua Primeira Comunhão, teve pena de seu pai e de suas convicções sem uma autêntica experiência religiosa e prometeu a si mesmo não mais participar daquele ritual.

O sonho do deus ictifálico e outros sonhos de infância de Jung tiveram marcada influência no construto teórico da psicologia analítica. Para os que leram MSR, fica claro como a obra teórica é indissolúvel da personalidade do seu criador, sua temática e maneira de abordagem refletem sua personalidade única. Isso fica bem claro na questão da experiência religiosa e o questionamento da religião institucional. O deus subterrâneo traz toda a questão da limitação da representação tradicional da deidade. Além de ser uma representação pré-cristã, ela relativiza a representação tradicional judaico-cristã da divindade.

A importância desse sonho inicial da vida de Jung é reinaugurada com a publicação do *Liber Novus* e as pesquisas decorrentes dessa publicação. Sabe-se que a organização do *Livro Vermelho* em sua cópia caligráfica final era feita a partir de anotações de experiências do inconsciente feitas a partir de vivências anotadas nos chamados *Livros Negros*. Os *Livros Negros* foram então a base a partir da qual se organizaram os escritos definitivos do *Livro Vermelho*. O primeiro *Livro Negro* continha anotações de sonhos e fantasias de Jung até 1902. Sabemos que ao retomar os *Livros Negros* em 1913, quando começa a anotar suas intensas fantasias e sonhos da época, Jung estava também revendo seus sonhos de infância. Segundo Shamdasani, *o sonho do falo subterrâneo seria, na verdade, uma prefiguração do deus gnóstico Abraxas*, figura central do *Liber Novus*.

O *Liber Novus* e a crise com a religião institucional

Outra vivência do menino Carl relatada em MSR reforça a importância da crise religiosa em sua vida. Estava ele aos onze anos na praça da cidade de Basileia e contemplava o templo religioso da cidade. Era um belo dia de céu azul. Subitamente foi tomado pelo impulso de ter um pensamento proibido, um pensamento que o ameaçava e sentia grande medo de permitir que esse pensamento assomasse à consciência. Não conseguia dormir bem, ameaçado por aquele pensamento que insistia em assomar à sua consciência. Sua mãe percebeu que havia algo errado com ele, tão grande era sua perturbação. Finalmente não teve outra escolha do que permitir que o pensamento gradualmente viesse à consciência. Pensou no templo da cidade, seu teto dourado, o céu azul, o Deus sentado em um trono e subitamente *Deus defecava sobre o templo, destruindo-o completamente, reduzindo-o a escombros*[29]. Uma surpreendente e original fantasia brotando do inconsciente de um menino de onze anos falando de toda uma falência da religião instituída para Jung e de sua descrença nos valores de seu pai. Ao mesmo tempo, as imagens falam da necessidade de busca de valores pessoais, originais, para expressar o Transcendente. Essa representação de um deus novo, renovador, diferente do deus judaico-cristão, Jung encontrará em seu *Livro Vermelho* na figura gnóstica do deus Abraxas.

A associação do sonho de infância de Jung com a divindade gnóstica central no *Liber Novus* é importante porque toca a ques-

---

29. MSR, p. 66.

tão vital para Jung sobre a diferença entre experiência religiosa genuína e o dogma religioso da religião institucional. Segundo Dourley, a Teoria da Religião em psicologia analítica repousa em três pilares básicos: *a universalização, a subjetivação e a relativização*[30]. Pela *universalização*, a experiência religiosa genuína é entendida como não sendo propriedade de nenhum credo em específico, mas é atributo do ser humano. As grandes experiências místicas fundadoras têm uma validade universal. Pela *subjetivação*, a experiência da *imago Dei* é subjetiva por natureza, o deus externo, atuante de fora, o *totalmente outro* fica questionado em prol de uma experiência de um deus interior que nos fala em nossa intimidade. A melhor imagem desse companheiro interior é o *deus absconditus* alquímico, o Deus oculto nas profundezas da matéria ou do psiquismo humano. Pela *relativização* Dourley entende que nenhum credo tem propriedade da experiência da divindade, ou exclusividade sobre ela. Esses limites são importantes na delimitação da experiência mística genuína e das instituições de religião que não têm propriedade sobre ela.

A presença do gnosticismo no *Liber Novus*

Abraxas pertence à tradição gnóstica do deus que contém os opostos do bem e do mal, um problema que sempre incomodou Jung desde seus primeiros anos. O pensamento gnóstico, *stricto sensu*, é aquele que considera a existência de um demiurgo, deus incompleto, não completamente bom, criador do mundo. O deus completamente bom, o *summum bonum*, é outro, que se coloca acima, que não se mistura com as impurezas e *incompletudes* do mundo. Abraxas é aquele que contém os opostos. Seu nome mostra sua antiguidade: Abraxas deriva de *Abir Axis, o polo do touro*, provavelmente uma época na qual o ano-novo cósmico, o equinócio

---

30. DOURLEY, J.P. *Jung and the Humanities*, p. 37ss.

da primavera, ocorreria no signo do touro. Cabeça de águia, patas de serpente, um escudo na mão direita e um chicote na esquerda. Pelas suas representações e símbolos, uma deidade bem distinta das representações judaico-cristãs[31].

Portanto, as imagens de infância de Jung antecipam toda uma questão religiosa que vai encontrar plena expressão simbólica no *Liber Novus*. Essas representações em estado de semente no *Liber Novus* serão posteriormente desenvolvidas e encontrarão plena maturidade na obra escrita de Jung em seu trabalho *Resposta a Jó* e diversos outros sobre psicologia e religião.

Podemos concluir então que o *Liber Novus* é uma obra gestada desde a infância de Jung, um produto simbólico de seu próprio processo de desenvolvimento pessoal. Considero apressada a tendência a atribuir o nascimento do *Livro Vermelho* à crise de metade de vida, ou outra qualquer crise pessoal de Jung. O livro nasce em momento de crise, pois é na crise que a consciência mais toma contato com o inconsciente, os opostos se aproximam, as emoções acontecem em turbilhão, fenômenos sincronísticos tendem a acontecer com maior frequência. No caso de Jung, a sincronicidade de sua crise interior e a grande crise europeia da primeira grande guerra. A emergência do *Livro Vermelho* é um momento existencial central para Jung, vindo de suas experiências passadas e continuando no futuro de sua vida e de suas formulações científicas.

---

31. Sobre a origem do nome Abraxas e características do deus cf.: MACKAY, apud HOELLER, S. *A gnose de Jung e os sete sermões aos mortos*, p. 132.

4
A ESTRUTURA DO LIVRO

> *Eu te aconselharia a colocar [suas fantasias] da forma mais bela que você possa – em algum livro belamente encadernado... Então, enquanto essas imagens estiverem em algum livro precioso, você pode ir até ao livro e virar suas páginas, e para você ele será sua igreja – sua catedral –, os locais silenciosos de seu espírito onde você encontrará renovação. Se alguém disser para você que isso é mórbido ou neurótico, não lhe dê ouvidos – porque então você perderá sua alma – porque naquele livro está a sua alma.*
> C.G. Jung aconselhando sua cliente Christiana Morgan[32].

O *Liber Novus* é constituído por inúmeros caminhos. Caminhos que levam a diversos personagens, diversos confrontos e aprendizados. A metáfora do caminho está presente em vários relatos, na literatura, nos sonhos e devaneios, na mitologia e na alquimia. A *longissima via* já descrevia a *opus* dos filósofos alquimistas. A metáfora do caminho está presente em obras literárias conhecidas: na *Odisseia* de Homero, Ulisses percorre o caminho de volta ao lar, um caminho nostálgico de volta a Ítaca. A ideia

---

32. Esse conselho de Jung à sua paciente Christiana Morgan foi descoberto como uma anotação de 1920 no diário de Christiana Morgan. Cf. SHAMDASANI, S. *C.G. Jung, a biography in books*, p. 121. [*C.G. Jung* – Uma biografia em livros. Editora Vozes].

do caminho interminável permeia todo o processo de desenvolvimento do herói. Também o arquétipo do caminho está presente em diversas obras literárias contemporâneas: os personagens de Guimarães Rosa são construídos através de caminhos agrestes do sertão das Gerais em *Grande sertão: veredas*.

A estrutura, organização e conteúdo do *Liber Novus* levaram alguns a compará-lo a outras obras significativas da cultura, ao *Fausto* de Goethe, às *Confissões* de Santo Agostinho, a *A divina comédia* de Dante Alighieri, ao *Assim falou Zaratustra*, de Nietzsche, à já citada *Odisseia*. Mesmo o antiquíssimo manuscrito egípcio *Diálogo de um homem cansado do mundo e sua [Alma] Ba*[33] foi lembrado como semelhante a ele. Em que o *Liber Novus* se assemelha a essas diversas obras?

O caráter confessional, íntimo e extremamente pessoal do *Liber Novus* remete às *Confissões*, também uma obra de transição na *vida* de Santo Agostinho, de mudança de vida; no caso de Agostinho, de uma vida pagã e mundana para a vida reflexiva. O *Livro Vermelho* também marca época de importante transição na vida de Jung, sua "crise de metade de vida". *A divina comédia*, que também tem início "na metade do dia"[34], que simbolicamente pode ser compreendida como a importante transição da metade da vida. Seu autor, Dante Alighieri, também tem um guia, o escritor clássico Virgílio, e com ele faz uma importante descida ao mundo dos mortos, descida simbólica de confrontações. Mas ao contrário de Dante, que percorre seus caminhos orientado apenas por Virgílio (para os infernos e purgatório) e Beatrice (para o paraíso), Jung tem múltiplos guias, sendo o principal deles o mago Filêmon. *A*

---

33. Cf. as referências desse manuscrito em *Encounters with the soul: active imagination as developed by C.G. Jung*. Sigo Press, 1981. Hannah considera o antiquíssimo manuscrito egípcio (2200 a.C.) como o primeiro caso de *imaginação ativa* conhecido.

34. Dante inicia a sua obra com a alegoria da metade da vida como tempo de reflexão. Cf. ALIGHIERI, D. *A divina comédia*, canto I, verso I: "Da vida, ao meio da jornada..."

divina comédia de Alighieri retoma também o antigo e importante tema mitológico das iniciações, da Grécia e de todas as religiões de mistério, o tema da *catábase*[35], ou da descida para o mundo dos mortos para posterior renovação. Dante Alighieri desce, e desce para se transformar e aprender. Trata-se de uma descida iniciática de aprendizado. Também no *Livro Vermelho* um dos temas fundamentais é o da descida. A temática aparece com nitidez no *Liber Primus*[36], capítulo 5, *Descida ao inferno no futuro*. Mas todo o *Livro Vermelho* pode ser considerado um processo de descida para renovação.

O *Zaratustra* de Nietzsche influenciou profundamente Jung, que o leu pouco antes dos inícios do *Livro Vermelho*. Mas em *Zaratustra* ficamos impressionados com o tom profético do livro. Zaratustra fala através de Nietzsche. A fatal identificação do autor com seu personagem já se coloca desde o início e ao final dos capítulos com o epílogo repetido: "Assim falou Zaratustra". Onde está Nietzsche, onde está Zaratustra? No livro de Jung, ao contrário, encontramos a constante dialética do autor com seus personagens. Ocorre um processo constante de confrontação, posição ética do ego consciente e, posteriormente, uma tomada de posição frente aos conteúdos inconscientes personificados pelas diversas figuras. Nunca a perigosa identificação.

Todas as obras citadas são processos de transformação psicológica, maneiras distintas de uma confrontação com o inconsciente. No antigo manuscrito egípcio o autor também dialoga com

---

35. Catábase: nas religiões de mistério do mundo antigo o iniciado tinha sempre que descer ao mundo de baixo, e depois ressurgir transformado. O mistério central arquetípico da *catábase* está presente também no processo analítico contemporâneo, na regressão terapêutica.

36. O *Livro Vermelho* propriamente dito foi dividido por Jung em duas partes: *Liber Primus* e *Liber Secundus*. Há ainda uma terceira parte, *Aprofundamentos*, denominada por Shamdasani *Liber Tertius*, que trata de imaginações ativas de Jung não incluídas no manuscrito original, além dos *Sete sermões ao mortos*.

sua *alma Ba*[37] encontrando-se deprimido, com fantasias suicidas, cansado do mundo. Sua *Ba* lhe oferece saídas. De modo muito semelhante Jung, em momento de importante crise existencial, tem em sua alma um guia constante, que lhe mostra novos caminhos através do diálogo. Chega mesmo a consolá-lo, quando ele se sente oprimido pelas dificuldades, ao dizer para ele com tom consolador: "*O bom caminho é o caminho inseguro...*"

Encontramos aqui algo importante no homem antigo, uma característica comum às culturas politeístas pagãs: *a capacidade de personificar emoções de forma intensa*, dialogar com esses sentimentos personificados e, até certo ponto, conseguir uma orientação nova no cotidiano a partir dessas imagens inseridas em seu sistema de crenças. A cultura moderna dissociou-se de certa forma dessas intimidades com as imagens naturais típicas do paganismo e isso foi considerado por muitos um ganho, um desenvolvimento da consciência. Se por um lado foi realmente *um ganho*, por outro *foi uma importante perda*, uma dissociação de raízes instintivas fundamentais. Uma das mensagens básicas do *Livro Vermelho*, reafirmada depois em diversos momentos da obra de Jung, é o caráter fundamental da retomada dessas imagens perdidas em prol de um desenvolvimento da consciência menos unilateral.

É evidente que a personificação de emoções e o dialogar com elas não é exatamente a mesma coisa que um culto de uma divindade dentro de um sistema de politeísmo religioso de uma sociedade tribal. O homem da Modernidade parte de um pressuposto totalmente diferente de uma sociedade pré-letrada e não pode pretender uma "volta mágica" às origens em atitude nostálgica.

---

37. No Egito faraônico predominava a crença na existência de várias almas personificadas em forma de corpos sutis. A *alma Ba* é um dos corpos, apresenta-se como ave e representa o núcleo da personalidade, a centelha divina. Difere da alma Ka, um duplo sutil personificando a vitalidade da pessoa (cf. HANNAH, B. Op. cit., p. 85-86).

O que acontece aqui pelo processo de personificar emoções é um resgate de algo perdido, de uma raiz mitológica ancestral, sem se perder todo o ganho de consciência histórico que a cultura ocidental proporcionou. É uma recuperação de raízes, sem a dissociação positivista, unilateral, da Modernidade.

O *Liber Novus* evidencia uma nova forma de escrever, um novo tipo de comunicação com as imagens interiores, uma densidade filosófica e religiosa originalíssima e pessoal. Nele Jung vive de forma intensa o confronto com suas imagens internas, e desse confronto deriva a maioria de suas formulações posteriores. Não podemos considerar o *Livro Vermelho* um trabalho de psicologia tradicional. É antes uma descrição viva de um desfilar de imagens internas poderosas com as quais Jung interage e dialoga de forma ativa, procurando com sua curiosidade científica permanente o significado mais definitivo, a mensagem mais transformadora, o significado final para o ego consciente. O escrever e mesmo o configurar essas experiências em forma de imagens coloridas ajudaram-no nesse caminho de desdobramento de processos inconscientes e sua gradual integração. Jung sempre dizia que a melhor forma de confrontar emoções primitivas internas seria procurar dar forma a elas, algum tipo de configuração estética. Nesse livro, esse postulado fundamental é expresso a todo o momento, pois o *Livro Vermelho* é um constante personificar de conteúdos inconscientes, um diálogo com esses conteúdos e uma tentativa de integração.

A aparência medieval do *Liber Novus*

A originalidade do *Liber Novus* levou Wolfgang Giegerich a comentar que o *Livro Vermelho* seria *um livro que não é um livro*[38].

---

38. Cf. a abordagem de Wolfgang Giegerich ao *Liber Novus* em GIEGERICH, W. (2009). *Initial thoughts about the Red Book of C.G. Jung.* Spring Publications.

Realmente, com sua aparência originalíssima, seu formato em pergaminho e suas ilustrações medievais inseridas em formato de iluminuras, o *Livro Vermelho* não encontra similares na literatura contemporânea. Jung optou por dar ao seu livro um formato que lembra os manuscritos medievais. A página da frente é chamada o *rectum* do manuscrito, corresponde à página à direita de um livro aberto a nossa frente. A página à esquerda é o *versum* do manuscrito. Escrevendo cuidadosamente, em letra gótica, Jung deu às palavras as características especiais, quase como se fossem pequenos desenhos. Nos inícios dos capítulos ornamentou as letras maiúsculas com significativas iluminuras, à moda medieval.

As próprias ilustrações seguem o modo da têmpera, maneira de ilustrar das ilustrações que ornamentavam os altares medievais antes do advento da técnica óleo sobre tela. Os pigmentos são misturados à água, clara e gema do ovo, o que dá às ilustrações seu extraordinário brilho místico. Em certos momentos da narrativa, fica claro que Jung sente que a mera narrativa verbal é insuficiente para expressar suas profundas vivências subjetivas. Recorre então a suas ilustrações de grande densidade simbólica.

Penso ser extremamente significativa a forte tonalidade medieval do *Liber Novus*. Em diversas ocasiões em sua autobiografia Jung fala da grande importância de certos valores da Idade Média, sua identificação com a espiritualidade medieval e, de modo especial, a alquimia. Em um trabalho de 1928, *O Problema psíquico do homem moderno*, afirma de modo significativo:

> O homem moderno perdeu todas as certezas metafísicas da Idade Média, trocando-as pelo ideal de segurança material, do bem-estar geral e do humanitarismo[39].

---

39. JUNG, C.G. OC, vol. 10, § 163.

É como se as referências metafísicas da Idade Média fossem fundamentais para a organização da consciência coletiva do homem ocidental moderno. Desde suas palestras em tempos de universitário participando das Conferências do Clube Universitário Zofíngia[40], Jung sempre teve uma postura de desconfiança em relação ao paradigma da Modernidade com sua ênfase exagerada na ciência e uma postura dissociada da natureza e dos instintos. Já por essa época defendia certos valores medievais como necessários para a evolução da consciência coletiva ocidental, uma atitude introvertida importante para a formação dos valores do homem contemporâneo. Uma análise do período medieval demonstra que sem o desenvolvimento de valores como os da filosofia escolástica no silêncio dos mosteiros e os da alquimia na reclusão dos laboratórios, o próprio fenômeno histórico do renascimento não teria sido possível. O período medieval foi uma época de introversão da libido cultural, uma introversão necessária para a elaboração de valores culturais e ideais civilizatórios. Só após o *incubatio* medieval houve a energia psíquica disponível para um fenômeno cultural extrovertido, criativo e fundamental como o do Renascimento. Este foi inicialmente um fenômeno italiano, depois se estendeu por toda a Europa, mantendo sempre seu caráter extremamente extrovertido, manifestando-se nas artes e nos descobrimentos marítimos. Uma significativa contraposição ao silêncio introspectivo da idade medieval.

Antes de descobrir a alquimia, Jung teve sonhos que se repetiam. Entre os mais importantes, relata em MSR um sonho no qual descobre em sua casa toda uma ala desconhecida para ele, na

---

40. Clube Zofíngia: Clube de estudantes universitários ao qual Jung pertenceu na época de estudante de medicina. Os membros se reuniam periodicamente para conferências e debates sobre temas científicos e culturais. A participação de Jung como conferencista foi coligida em volume anexo à obra completa, o chamado volume A, *Conferências de Zofíngia*, com introdução de Marie-Louise von Franz.

qual existia uma grande biblioteca com "uma grande coleção de incunábulos e de gravuras do século XVI". Jung conclui representar a biblioteca medieval uma parte de sua personalidade desconhecida para ele àquele tempo[41]. O sonho estaria representando o encontro de Jung com a alquimia medieval, que se daria poucos anos depois.

Além dos estudos de alquimia, as referências medievais vão aparecer em diversos pontos da obra de Jung. Por exemplo, no primeiro capítulo de sua obra *Tipos psicológicos* (1921), Jung faz um estudo aprofundado de tipos opostos na Antiguidade, desde os primeiros Padres da Igreja, do 1º século, de tipologia oposta a Tertuliano (tipo pensamento) e Orígenes (tipo sentimento), até Zwinglio e Lutero. Faz também um alongado estudo da filosofia escolástica com seus grandes opostos do nominalismo e realismo. O nominalismo (que defendia que os *universais* não têm existência real, os conceitos sendo apenas *flatus vocis*, um som vazio) e o realismo (que propunha a existência dos conceitos gerais, os universais). Jung lembra que o *esse in re* (ser na coisa individual) do nominalismo se opõe ao *esse in intelectu* (ser no espírito) do realismo, não encontrando aqui uma mediação, e propõe um termo médio, um *tertio*, que seria *esse in anima*, o ser na alma. A psicologia, ciência que derivaria da filosofia muito tempo depois, é a única capaz de dar conta desse *esse in anima*, dessa permanência rigorosa no fenômeno psicológico como realidade. A questão fundamental defendida na psicologia analítica da realidade da alma tem suas origens nas preocupações de Jung com a mentalidade medieval[42].

---

41. Cf. JUNG, C.G. MSR, 2006, p. 241ss.

42. Cf. JUNG, C.G. *Tipos psicológicos*. OC, vol. 6, cap. 1: "O problema dos tipos na história do pensamento antigo e medieval", § 8ss.

O caráter elaborado do *Liber Novus*

Por ser uma obra resultante de intensas experiências indivi-
duais, o *Livro Vermelho* pode passar a impressão de ser fruto de um
brotamento espontâneo do inconsciente; isto é, uma obra feita de
forma extática a partir de uma inspiração súbita. Entretanto, essa
impressão é falsa. O *Liber Novus* é uma obra cuidadosamente elaborada, feita mesmo em diversas camadas ou períodos que se esten-
dem pelos anos. Curiosamente, o *Livro Vermelho* é mais editado ou
elaborado que diversas obras de Jung, como se constata nas Obras
Completas. O livro *Resposta a Jó*[43] é apenas um exemplo de obra fortemente inspirada feita, como comentou Marie-Louise von Franz,
sob forma de inspiração num período em que Jung estava passando
por um tipo de febre[44]. A febre teria cessado após o término do livro.
O *Livro Vermelho*, ao contrário, foi cuidadosamente editado e revi-
sado por Jung, como comentou Sonu Shamdasani, seguindo etapas
bem-definidas:

1) Uma coleção de imaginações espontânea reunidas desde
1902 nos *Livros Negros*, em número de seis.

2) O período de imaginações ativas começando em dezembro
de 1913 até meados de 1915.

3) A digitação gráfica dessas imaginações, sua elaboração, após
cuidadosa reflexão.

4) Após colecionar essas notas, essas são enviadas para amigos
próximos, pedindo opinião sobre essas experiências.

5) A edição final da obra caligráfica do *Livro Vermelho*, com
algumas modificações e expansões[45].

---

43. JUNG, C.G. *Resposta a Jó*. OC, vol. 11.

44. VON FRANZ, M.-L. C.G. *Jung: His myth in our time*, p. 161 [*C.G. Jung: seu mito em nosso tempo*. Cultrix].

45. Cf. a entrevista de Sonu Shamdasani a Ann Casement in: *The Journal of Analytical Psychology*, vol. 55, n. 1, 2010, p. 35-39. É necessário deixar claro que o que Jung modifica, expande e corrige são seus comentários às percepções diretas nas fantasias, o segundo plano de todo o *Livro Vermelho*. As fantasias e imaginações em si não são alteradas.

A presença aqui de pessoas que opinam e trocam impressões com Jung, julgo da maior importância. Shamdasani chama a atenção para o fato de diversas fantasias iniciarem-se com a exclamação: "Senhores!", segundo ele uma clara indicação que as experiências são para ser partilhadas e divididas entre as pessoas. Vejo aqui o contraponto de uma saudável extroversão criativa, a uma introversão reflexiva. A presença de uma preocupação com o outro é significativa e também enfatiza que o *Liber Novus* deveria ser publicado, e talvez já devesse ter sido publicado para gratificar a todos os genuinamente interessados em conhecer melhor a essência das experiências de Jung e a geração de sua fascinante obra. Ao contrário, os *Livros Negros* foram escritos em forma mais pessoal, uma organização de experiências subjetivas de maneira mais intimista e direta. Essa diferença de organização entre o *Livro Vermelho* e os *Livros Negros* ficará mais clara quando estudarmos *os dois níveis* nos quais se organiza o *Livro Vermelho*.

Os dois níveis da obra

O *Livro Vermelho* apresenta uma estruturação básica em dois planos: no primeiro temos a narrativa pura e simples, carregada de uma linguagem direta e emocional das vivências do inconsciente. Há a emergência de imagens espontâneas, configurações simbólicas de grande intensidade emocional, um turbilhão de imagens estranhas e inesperadas. Em um segundo momento, essas experiências são decodificadas em interpretações e elaborações. Essas densas imagens são trabalhadas dentro de um processo reflexivo, simbólico-interpretativo. Agora a linguagem é mais elaborada e psicológica, a consciência procura pelo viés da amplificação e da interpretação racional algum tipo de integração dos processos primários anteriores.

Temos aqui em organização dialética a dinâmica mental que Jung denominou *os dois tipos de pensamento*, em sua obra *Símbolos da transformação*[46]. Os dois tipos de pensamento seriam: o pensamento linear, racional ou adaptativo, típico da consciência, que visaria a adaptação à realidade externa, e um outro, o pensamento circular, mitológico, próprio do inconsciente, à linguagem dos sonhos e da fantasia Os símbolos do processo de individuação estariam brotando pela síntese dos dois tipos de pensamento de sua elaboração criativa.

Alguns críticos veem no *tópos* junguiano dos dois tipos de pensamento uma afirmação de que o pensamento linear ou racional, por ser próprio da consciência adaptativa, seria *superior* ao pensamento mitológico, pois esse estaria para Jung no inconsciente. Tal afirmação de Jung seria um vestígio em sua obra de um *evolucionismo cultural*[47]. Outros afirmam também que sua proposta de dois tipos de pensamento é inadequada, pois o mito também é próprio da consciência, estando presente na metáfora, na parábola. Sobre essas questões, considero que Jung nunca considerou o pensamento linear como *superior* ao mitológico; pelo contrário, penso que toda sua obra seja um movimento de resgate do pensamento mitológico deixado de lado pelo positivismo típico do paradigma cartesiano. O símbolo sempre funcionou na obra junguiana, operando esse papel de resgate. Quanto à presença do pensamento mitológico na consciência, queremos também lembrar que a *parábola* (*para*, ao lado, *ballos*, lançar) e a *metáfora* (*meta*, além, *phorein*, conduzir) são formas de produzir um efeito no ouvinte pelo uso de um símbolo conscientemente articulado. As belíssimas pará-

---

46. JUNG, C.G. *Símbolos da transformação*, 1911, parte II, cap. I: "Os dois tipos de pensamento".

47. Evolucionismo cultural: Tipo de perspectiva da antropologia do século XIX adotada por Tylor, Frazer, Lévy-Brühl e outros, segundo a qual a cultura europeia seria o modelo cultural ideal e as culturas tribais deveriam evoluir para atingir o modelo europeu civilizado. A ideia de *Pré-logique* (o pensamento mitológico da sociedade tribal sendo pré-lógico e naturalmente inferior ao pensamento racional da Modernidade) é um exemplo do evolucionismo cultural, perspectiva naturalmente superada em antropologia.

bolas do Novo Testamento do *Grão de mostarda* e do *Filho pródigo* são exemplos desse uso da metáfora pela consciência para alcançar determinado fim. Já o *pensamento mitológico do inconsciente* é espontâneo, original e se situa totalmente fora do controle da consciência, daí sua originalidade.

Considero de *vital importância* a integração desses dois tipos de pensamento: o pensamento mitológico permite a sobrevida espontânea da experiência das imagens originais; o pensamento racional é um modo mais consciente, uma tentativa de integração da experiência nova à vida racional cotidiana. Lendo as experiências irracionais de Jung, por vezes inteiramente fora das expectativas da mente consciente, percebemos que a mente racional entra com explicações racionais das experiências numa tentativa de sua ordenação, de forma a se organizarem de maneira mais ou menos acessível para a consciência. O recurso simbólico oferece dentro dessa dinâmica um meio-termo entre os opostos consciente e inconsciente para um caminhar com certa lógica entre o insólito e o já conhecido.

Dentro dessa perspectiva o símbolo adquire importância central para a organização orgânica do *Livro Vermelho* e Jung determina esse fato desde as primeiras reflexões do *Liber Primus*, quando fala *do caminho daquele que virá*. Cita palavras do Profeta Isaías falando do caminho do Salvador. A interpretação de Jung para o Salvador é que *o Salvador é o símbolo*, porque só o símbolo pode abrir caminhos novos[48].

No encontro com as figuras bíblicas de Elias e Salomé essa estrutura em dois níveis do *Livro Vermelho* aparece de forma clara. De

---

48. Shamdasani, na nota 3 do cap. 1 do *Liber Primus*, p. 229, lembra a associação feita por Jung entre o *símbolo* e a ideia de *Salvador* na obra *Tipos psicológicos*. Em toda a obra completa de Jung o símbolo é afirmado como um mecanismo fundamental entre consciente e inconsciente. Na epígrafe para a obra *Psicologia e alquimia* (OC, vol. 12), é citado o ditado alquímico: "para aqueles que têm o símbolo, a entrada é fácil".

todos os personagens que interagem com Jung, esses personagens têm uma importância crucial. Essas duas estranhas personificações aparecem juntas, ainda no *Liber Primus*. Elias, o patriarca poderoso do Antigo Testamento, diz que a moça que o acompanha é Salomé, sua filha, e que estarão juntos para toda a eternidade. O confronto com as duas figuras expressa a atitude básica de Jung com relação ao fenômeno psicológico: o respeito pelo que chamou a realidade da alma. Salomé é apontada por Elias como sendo irmã de Jung. É a própria personagem bíblica responsável final pela decapitação de João Batista. Na imaginação espontânea de Jung o Profeta Elias diz que Salomé é sua filha e estará ligada a ele por toda a eternidade. Esse fato, bem como demonstrações de amor por parte de Salomé, o faz mergulhar em profunda ansiedade. "Como isso é possível?", pergunta-se Jung. Como pode o sábio Elias ter Salomé como filha, e essa, além de ser cega, ter forte inclinação amorosa por ele?[49] Todo esse conteúdo profundamente irracional fala da natureza incompreensível dos conteúdos inconscientes, embora profundamente reais e tendo eficácia, como repetirá Jung posteriormente em diversas ocasiões.

Jung procurará depois fazer uma relação criativa com esses conteúdos que emergiam de forma espontânea do inconsciente, inclusive com interpretações psicodinâmicas. Emprega para isso suas elaborações teóricas quanto à polaridade dos conteúdos psíquicos e da questão da compensação. Escreve, assumindo uma posição consciente lógica, que Elias representa sua função psicológica pensamento, mais diferenciada, superior, e por isso se manifesta com a representação de um profeta espiritual. Salomé, ao contrário, simboliza sua função psicológica sentimento, menos diferenciada, por isso representada pela filha de Herodíades, responsá-

49. *Liber Primus*, cap. 9, p. 246.

vel pela decapitação de João Batista, além do mais, cega, tendo os olhos cobertos por uma venda[50].

Mas a interpretação psicológica não esgota a questão da realidade da alma, central nessa confrontação com as figuras do inconsciente. As próprias figuras se afirmam como reais, do ponto de vista psicológico. *O próprio Elias não aceita que ele e Salomé sejam símbolos*, afirmando que essa é uma colocação racional de Jung que não faz justiça a eles. Elias e Salomé, eles próprios se afirmam como figuras reais. Aqui se descortina o conceito de *realidade psicológica* que Jung aprofundará posteriormente em obra de 1939, *Considerações teóricas sobre a natureza do psíquico* (OC, vol. 8/2) e outros trabalhos de fase posterior de seu processo criativo. Depois de toda a surpresa com uma proximidade de um casal tão diferente entre si, ocorre todo um trabalho de amplificação e de interpretação psicológica. A questão teórica dos opostos psicológicos, intensamente trabalhada na pesquisa de Jung sobre os tipos, já encontra nas figuras de Elias e Salomé um terreno extenso para pesquisa. Também a articulação com o método de *amplificação histórica* tem seu lugar nas figuras de Elias e Salomé. Em enorme esforço de procurar compreender o quase incompreensível das figuras, Jung procura associar figuras históricas de velhos profetas acompanhados de jovens mulheres, o par velho sábio/jovem, que aparece no antigo alquimista grego Zózimo e sua soror Theosebeia, Simão Mago, gnóstico do século II, e a jovem Helena que o acompanha, assim como em diversos outros pares da história da filosofia, da alquimia, da religião e dos contos de fada. Esses pares falam do eterno fluxo da energia psíquica dentro do processo de transformação psicológica.

Percebemos aqui duas formas diferentes de se relacionar com as figuras numinosas do inconsciente, das quais Elias e Salomé

---

50. Em *Tipos psicológicos* (1921) Jung irá elaborar as quatro funções psicológicas, opondo-se duas a duas, sensação e intuição, pensamento e sentimento.

são representantes. Tais figuras têm grande poder de fascinação sobre a consciência, tão grande poder que podem produzir fenômenos dissociativos sobre o ego. O ego elabora aqui duas formas de se defender contra o poder fascinante (lat.: *fascinans* = atar): a explicação racional e o novo *método da amplificação*. A proteção racional é a interpretação dos dois personagens como *nada mais que* (*nothing but*) representando funções psicológicas da consciência, pensamento (Elias) e sentimento (Salomé). Essa defesa racional, embora a princípio eficaz na proteção da integridade da consciência, parece-me inadequada por produzir um certo nível de dissociação, determinada perda dos ricos valores que a experiência do inconsciente está trazendo para a consciência, embora aparentemente o ego se fortaleça. O segundo sistema defensivo, o da amplificação, *é mais inclusivo*, a experiência de Elias e Salomé não precisa ser totalmente *ex-plicada* como algo "fora" (como as funções psicológicas), mas, sim, pode ser *com-preendida* como um fenômeno "interior", o par inconsciente é uma das inúmeras repetições do par arquetípico velho/jovem que ocorre inúmeras vezes na história, nos contos de fada (O velho e a dama aprisionada na montanha) e nos mitos de todas as épocas. Esse segundo método faz mais justiça ao caráter irracional do inconsciente e contém mais o mistério, sem reduzi-lo a uma fórmula racional.

Aparecem ainda em diversos pontos da narrativa vivências surpreendentes que fogem totalmente a qualquer lógica consciente. A abordagem da serpente de Elias, por exemplo. A serpente como que por dinâmica própria subjetiva da imaginação *passa de Elias para Jung* no seguinte diálogo do capítulo XXI do *Liber Secundus*, "O mago":

Eu [Jung]: "Meu prezado ancião... onde está tua cobra?"

Elias: "Ela se perdeu. Acho que foi roubada de mim. Desde então as coisas andam tristes conosco..."

Eu [Jung]: "Eu sei onde está tua cobra. Ela está comigo... Ela me dá solidez, sabedoria e força mágica..."

Elias: "Ai de ti, ladrão maldito, Deus te castigue"[51].

Esse processo parece-me fundamental na dialética da consciência com o poder autônomo das imagens. O inconsciente tem um grande poder de fascinação, mas é fundamental a posição dialética da consciência. A consciência daquele que imagina sai fortalecida do processo, a parte consciente (Jung) pode integrar em certa medida a energia do inconsciente (serpente) antes sob a posse de Elias, uma configuração do inconsciente.

Em todo o *Livro Vermelho* há essa riqueza energética das imagens, mas a posição interpretativa da consciência é fundamental. Nesse momento é importante a não identificação com as imagens. Parece-me que um certo esvaziamento do poder fascinante de Elias aqui é importante, dentro do processo dialético, embora a serpente mantenha sua força, como símbolo de energia psíquica em transformação, isto é, em passagem do inconsciente para a consciência. Jung resume o simbolismo geral da serpente, muito amplo e complexo em três significados fundamentais: a serpente ctônica, a serpente como símbolo do tempo e a serpente *Soter*, i.e., como símbolo de salvação[52]. A serpente que passa de Elias a Jung é a serpente *Soter*, serpente de salvação, pois representa a energia psíquica a serviço do ganho de consciência.

---

51. *Liber Secundus*, cap. 21, p. 324: "O mago".

52. JUNG, C.G. *Children Dreams Seminar*, p. 251 [Philemon Series] [*Seminário de sonhos de crianças*. Editora Vozes].

5
O HEROÍSMO E OS HERÓIS NO
LIVRO VERMELHO

Há heróis no mal como no bem.
François de la Rochefoucauld

O primeiro momento no qual a figura de herói aparece no *Livro Vermelho* é ainda no *Liber Primus*, no capítulo V, *Descida ao inferno do futuro*. Esse encontro com a figura do herói é descrito após a "redescoberta" por Jung de sua alma e seu isolamento imaginativo no deserto. Estando assim esvaziado das experiências do cotidiano imediato, ele pode iniciar uma *fantasia de descida*, de descoberta de seus processos interiores mais íntimos.

O motivo da descida, que os antigos gregos denominavam *catábase*, é comum aos rituais de iniciação das sociedades tradicionais. O herói deve descer ao mundo dos mortos para ser renovado, vencer a morte e só depois retornar ao mundo dos vivos, já transformado. Esse processo de descida comum às religiões de mistério antigas persiste no cristianismo na representação do Cristo descendo aos infernos para ressuscitar ao terceiro dia em estado de *corpus glorificationis*. Esse processo está descrito na oração do Credo e tem importância central na crença cristã. Na psicoterapia moderna, o motivo arquetípico da morte e ressurreição está no centro do processo terapêutico. *Todo paciente deverá morrer*, descer ao seu inferno pessoal, *ir ao fundo do poço*, como se diz, para se transformar. É o único caminho possível no processo analítico genuíno. Por isso, sempre que o paciente procura a terapia, há uma ambivalência secreta em sua demanda: por um lado ele quer terapia e quer sua individuação, mas por outro lado uma parte sua resiste ao processo de morte, tem medo de morrer e encontra os mais variados motivos para fugir ao aprofundamento em suas questões: falta de tempo, não tem o dinheiro suficiente, não é o momento adequado...

No caso do *Liber Novus* encontramos uma situação nova na qual Jung, como já mencionamos[53], *é o paciente, é o terapeuta e é também o tratamento*. Uma condição dificílima, que desafia limites. Nessas condições de desafio extremo algo novo é criado, novas sementes são lançadas, o caminho para uma nova teoria é aberto. A escrita do *Liber Novus* é uma maneira original e criativa que Jung desenvolveu para trabalhar seus demônios interiores e construir um novo caminho para si próprio. O caminho é construído através da imaginação criativa e do diálogo com os múltiplos personagens internos.

O herói que deve ser morto

Em seu processo de descida o autor encontra um mundo subterrâneo que se assemelha ao mundo dos mortos nas tradições religiosas. No *Liber Primus* esse momento é descrito como aquele no qual a luz da consciência se torna turva, gemidos e gritos podem ser ouvidos, há uma água escura e ambiente crepuscular e ameaçador. Três visões predominam nesse ambiente imaginário amedrontador: a figura de um herói louro morto na água escura, o sol cercado por serpentes que parecem sufocá-lo e a figura de um escaravelho. Essas imagens aparecem em pequenas ilustrações no corpo do texto.

Essa é a primeira representação da *morte do herói* que será tratada em capítulo posterior do *Livro Vermelho*[54] de forma mais

---

53. Cf. cap. 3, tópico "A doença criativa".
54. *Liber Primus*, cap. 7: "O assassinato do herói".

detalhada. Parece que uma atitude está morrendo em Jung, algo de antigo, uma atitude adaptativa anterior não é mais útil e deve ser abandonada. O escaravelho, embora com caráter sombrio, no Egito Antigo era um símbolo de renascimento e restauração[55]. O sol, símbolo da consciência, engolfado por milhares de serpentes escuras, é uma representação análoga ao herói morto: a consciência sofre um processo de morte, voltando às suas bases mais profundas para se questionar e procurar novos caminhos.

Ilustração 4 O assassinato do herói Siegfried
Fonte: O *Livro Vermelho*, folio IV, *Liber Primus*, capítulo VII.
Direitos gentilmente cedidos ao autor pela Editora Norton.

---

55. O escaravelho na mitologia egípcia empurra o disco solar em seu curso, produzindo o seu renascimento a partir das trevas. Como acontece com frequência em mitologia, há uma analogia natural que encontra representação no escaravelho: ele deposita seus ovos em fezes, daí a ideia que a vida pode brotar da própria morte.

Em uma visão muito particular de dezembro de 1913 o motivo do "herói que deve morrer" retorna, trazendo a Jung a questão de eventos internos estando indissoluvelmente ligados ao mundo externo:

> [...] Eu estava numa montanha alta com um adolescente. [...] Soou então sobre as montanhas a trompa de Siegfried em tom festivo. Sabíamos que nosso inimigo mortal estava chegando. Estávamos armados e emboscados num estreito caminho de pedras, com a finalidade de matá-lo. De repente, apareceu ao longe, vindo no cume da montanha num carro feito de ossos de pessoas falecidas [...]. Ao surgir numa curva do caminho, atiramos contra ele, e ele caiu mortalmente ferido [...] e uma chuva violenta desabou[56].

Aqui há a mensagem de que o herói deve ser morto e assim foi entendido por Jung. No mundo externo revoltosos estariam matando heróis e figuras representativas de alta estirpe. O sonho antecedia ao assassinato do Arquiduque Francisco Fernando do Império Austro-húngaro por revoltosos em Sarajevo. Esses acontecimentos violentos iriam precipitar a Primeira Guerra Mundial. Em suas reflexões, Jung percebia que antigos valores seus que tinha em alta conta deveriam perecer. Comentou que Siegfried, o herói mais famoso da Canção dos Niebelungos, ode mitológica nórdica do século XII, não lhe era de particular admiração. Entretanto, nesse caso em particular, estaria representando valores elevados para a consciência que deveriam ser abandonados[57]. É curioso que Jung é ajudado "por uma personificação do inconsciente coletivo",

---

56. *Liber Primus*, cap. 7: "O assassinato do herói".

57. Na verdade, uma elaboração análoga ao confronto do espírito das profundezas com o espírito da época, cujos valores Siegfried encarna.

"o homenzinho trigueiro", como anotou nos *Livros Negros*[58]. Esse homenzinho é uma configuração da *sombra* psicológica que deve ser levada em conta para a mudança de atitude.

A confrontação dos antigos valores da consciência com novas questões para a renovação adquiriu nas visões e sonhos do *Livro Vermelho* várias representações, além do herói desgastado que deve morrer. Jung se alonga em várias partes de seu livro descrevendo a intervenção de dois princípios opositores já referidos anteriormente: o *espírito da época*, representante dos valores da consciência, e o *espírito das profundezas*, representação de novos valores. A linguagem do espírito da época obedece ao cânone já conhecido e ao já esperado, o familiar. O *espírito das profundezas* traz algo inteiramente novo, o surpreendente. Quando Jung fica aturdido com a morte do herói, considerando que esse seria um enigma que ele teria que resolver a todo custo, a voz autônoma do espírito da profundeza diz: "A verdade maior é uma e a mesma que o absurdo"[59].

Príncipes e heróis sacrificados no mundo de fora, o herói sendo assassinado no mundo interno. Esses e outros paralelismos aparecem marcando momentos altamente significativos para o mundo ocidental e para o indivíduo Jung. Quando mudanças fundamentais ocorrem no mundo externo e interno, essas *coincidências significativas* tendem a se manifestar. Fica aqui manifesta a profunda associação entre a dramática crise europeia expressa pela Primeira Guerra Mundial e a crise interna de Jung. Todas essas associações e questões levantadas entre relações possíveis entre a

---

58. A expressão de Jung *o homenzinho trigueiro* é citada como estando presente no *Livro Negro* n. 2, por Shamdasani, nota de rodapé 114 ao cap. VII do *Liber Primus*. É provável que a configuração do *homenzinho trigueiro* em oposição ao herói solar idealizado Siegfried tenha tido influência nas pesquisas de Jung sobre o *Trickster* [trapaceiro], muito tempo depois (1954), analisando pesquisas do antropólogo Paul Radin com os índios Winnnebago norte-americanos (cf. JUNG, C.G. *A psicologia da figura do trickster*. OC, vol. 9/1).

59. *Liber Primus*, p. 342.

cosmologia interior e o mundo externo poderiam ser também o germe das teorias futuras de *sincronicidade* desenvolvidas na obra tardia de Jung[60]. Essa é uma possibilidade que não deve ser descartada. Sabemos que nas grandes transições, nos momentos de passagem, o ego encontra-se muito próximo do inconsciente e fenômenos sincronísticos tendem a acontecer. O indivíduo Jung e a sociedade europeia como um todo passavam na época da escrita do *Liber Novus* uma intensa crise de passagem, os acontecimentos sincronísticos coincidentes de mundo interno e mundo externo tenderiam naturalmente a acontecer. Entretanto, para fazer essa interpretação, estamos lançando mão de um recurso teórico (a sincronicidade) que Jung só viria a desenvolver muito tempo depois. À época do fenômeno naturalmente Jung não pôde pensar nesses termos. O fato é que ficou intensamente mobilizado pela coincidência de sua visão repetida de uma Europa inundada com cadáveres e a primeira grande guerra que se seguiu. Confessou a Mircea Eliade que ninguém era mais feliz do que ele quando a guerra começou...[61] Queria dizer com isso que, com o início da guerra, pôde perceber com alívio que sua visão tinha um conteúdo antecipatório, não sendo uma manifestação psicopatológica *tout court*.

O *homenzinho trigueiro*

O papel da figura do *homenzinho trigueiro* (*trapaceiro*, *trickster*) é altamente criativo nessa fantasia de Jung. Ele aparece compensando não só uma atitude antiga que deva ser abandonada. Ele compensa toda uma questão da sombra coletiva de então, que começa a se constelar no inconsciente cultural europeu, simbolizada

---

60. Sobre a sincronicidade, cf. *Considerações teóricas sobre a natureza do psíquico* (1939/1990. OC, vol. 8) e *Sincronicidade* (1950/2011. OC, vol. 8).

61. A confissão de Jung a Mircea Eliade é relatada por Shamdasani em sua introdução ao *Livro Vermelho, Liber Novus: O Livro Vermelho de C.G. Jung*, p. 201-202.

pela onipotência do principal herói germânico, Siegfried. Na verdade, a fantasia é ao mesmo tempo pessoal e coletiva, pois, apesar de todos os sofrimentos da Primeira Guerra Mundial, foi necessária ainda uma segunda guerra, para que Siegfried e tudo negativo que ele também pode representar, a onipotência patológica fruto da identificação com o herói, fosse compensado.

O problema do *trickster* vai ocupar posteriormente um espaço importante na produção teórica de Jung como o *princípio da inversão* e o enraizamento nos instintos. O *trickster* se opõe e ao mesmo tempo compensa a excessiva espiritualização do herói clássico, que o pode levar para uma dissociação de suas raízes e ao *pecado do orgulho*, como diziam os gregos, uma *hybris*[62]. Jung chegou à descrição da figura do *trickster* como um arquétipo a partir de estudos antropológicos de Paul Radin entre índios americanos[63]. Entre as tribos Winnebago havia sempre uma figura de inversão nos rituais: nos enterros, tinha atitude alegre; nos rituais festivos, apresentava-se triste e choroso. É um herói primitivo, fálico, sujeito à dissociação de partes do corpo e podendo aparecer como animal[64]. O *trickster* é figura antropológica e arquetípica, pois é uma necessidade da alma. Ele aparece sob diversas formas em diversas culturas. Na Grécia Antiga encontramos o herói Ulisses cheio de estratagemas oferecendo a armadilha do cavalo para os troianos. Após dez anos de cerco à cidade de Troia, a atitude orgulhosa de Aquiles, o mais forte dos heróis, não foi suficiente para a vitória, somente o estratagema *trickster* de Ulisses, descendente mitológico de Hermes

---

62. BRANDÃO, J.S. *Dicionário Mítico-etimológico*. Vol. I., s.v. "Hybris".

63. RADIN, P. *The Trickster* [Com introduções de C.G. Jung e C. Kerényi].

64. Joseph Henderson fala de vários ciclos do herói *trickster* entre os índios americanos. O *trickster* sempre adquire formas animais, como no ciclo da lebre ou do coiote. Estamos aqui muito distantes do herói idealizado dos ciclos germânicos. Cf. HENDERSON, J. "Os mitos antigos e o homem moderno". In: JUNG, C.G. (org.). *O homem e seus símbolos*.

(o padroeiro dos ladrões!), foi eficaz para a vitória[65]. No imaginário grego o herói *trickster* já compensava a unilateralidade do herói clássico, o princípio da consciência.

Em diversas outras culturas o *trickster* irá aparecer sob diversas outras formas, como, por exemplo, *o bobo da corte* medieval que aparenta superficialidade e tolice, mas que por vezes traz grandes verdades para o rei. É o que Shakespeare retratou em *Rei Lear*, na qual o personagem-título encontra-se em total decadência, seu reino ameaçado de total ruína. É o bobo da corte (simbolicamente uma figura de sombra, o *trickster*) que vai aos poucos, com suas brincadeiras e jogos, trazendo ao rei (o princípio da consciência, o modelo de ego para o reino) a percepção de sua decadência. O carnaval é festa *trickster* por excelência, momento de renovação e expressão de conteúdos recalcados. A figura típica do carnaval é o *malandro*, outra figura de *trickster*, que encerra também polaridades, da traição, roubo, engano, mas também a criatividade, como mostra o *malandro musical* eternizado por Chico Buarque em *Ópera do malandro*[66].

Faço todas essas digressões sob a figura do *trickster* porque considero extremamente importante o aparecimento de uma figura de *trickster* para auxiliar Jung a derrotar o herói germânico guerreiro já em 1913. O estratagema utilizado é um estratagema sórdido, da esperteza, da emboscada, um típico estratagema *trickster*. Essa importante fantasia parece-me um processo inconsciente em Jung muito significativo de controle de sua onipotência e de um ideal de ego muito elevado, questões que Jung teve de

---

65. Ulisses é descendente mítico de Autólico, que por sua vez é filho de Hermes. Autólico, segundo algumas versões, teria gerado Sísifo, grande *trickster*, pois enganou Tânatos, a própria morte. Ulisses descende de Sísifo, segundo algumas variantes. Cf. BRANDÃO. *Dicionário Mítico-etimológico da Mitologia Grega*, s.v. "Hermes".

66. Sobre a figura do malandro na cultura brasileira, cf. DA MATTA, R. *Carnavais, malandros e heróis.*

confrontar em si mesmo em diversas ocasiões em sua vida. Anos mais tarde a questão alemã continuaria sendo penosa para Jung, e ainda é de certa forma penosa para a comunidade junguiana: a ambiguidade de Jung em relação à questão do nazismo que emergiria fortemente vinte anos depois e daria origem a uma guerra ainda mais caótica do que a primeira. Teria Jung realmente matado Siegfried em emboscada? Teria ele feito essa aliança sadia com o *trickster*? Os fatos subsequentes mostraram que de certa forma Siegfried continuou atuante e teve que ser novamente confrontado em diversas ocasiões[67].

O herói que deve ser salvo

Uma outra figura de herói importante é *Izdubar*, que aparece de forma bem mais positiva que Siegfried e contendo toda uma outra gama de significados[68]. Jung encontra Izdubar quando caminha em direção ao oriente por um caminho do qual não se descortina o fim, um desfiladeiro entre altas montanhas. Jung vê uma figura que se aproxima ao longe; é uma figura gigantesca, seus trajes são o de herói mitológico antigo de uma sociedade tribal. Jung pergunta quem o viajante é, e recebe como resposta que o desconhecido chama-se Izdubar, vem do Oriente e viaja ao Ocidente para conhecer seus povos e seus costumes. Jung revela que vem do Ocidente, fala das cidades e seus habitantes, sua tecnologia, suas máquinas voadoras usadas para viagens distantes. Izdubar sente-se fraco, doente, ao estabelecer diálogo com o ser diminuto, com uma linguagem nova para ele, possuidor de um pensamento

---

67. A questão da proximidade perigosa de Jung com o nazismo é complexa, tem várias nuanças e tem sido extensamente tratada. Um dos textos importantes sobre a questão está no livro de Aniela Jaffé: *From the life and work of C.G. Jung*, no capítulo "C.G. Jung and National Socialism" (curiosamente, esse capítulo não aparece na edição brasileira do livro).

68. *Liber Secundus*, cap. 8: "Primeiro dia".

científico e racional. As referências de Izdubar são os elementos da natureza, os mitos, as profecias e a magia. Sente-se fraquejar e teme morrer. Deita-se ao solo extremamente fraco. Jung também teme a morte do herói. Subitamente ocorre algo surpreendente: o herói torna-se diminuto e é colocado por Jung em um ovo. Jung começa então a entoar cânticos da antiga Índia védica para restaurar a virilidade. O herói, tempos depois, é curado e renasce restaurado sob a forma do deus órfico *Phanes*. Posteriormente, o herói pode ser levado sob sua nova forma até as cidades do Ocidente.

O momento da cura de Izdubar pelos rituais mágicos é de tal forma misterioso que Jung lança mão de belas ilustrações simbólicas para descrever o processo. A linguagem racional não tem elementos para expressar o processo de transformação que ocorre nesse momento de cura do deus adoecido, recolhido em forma reduzida dentro de um ovo. Talvez o processo possa apenas ser exposto na forma de ilustrações simbólicas.

Nietzsche declarou que Deus está morto. O processo de cura e restauração de Izdubar fala, ao contrário, da assimilação de um deus antigo ao espaço simbólico interior e sua restauração sob nova forma, *a imagem simbólica*. Jung iria escrever mais tarde, em 1930, no prefácio ao livro *O segredo da flor de ouro*, que os deuses clássicos não morreram, mas, renovados, produzem os mais variados sintomas no consultório dos terapeutas[69]. O confronto de Jung com Izdubar representa na verdade o confronto do pensamento racional consciente (Jung) com o pensamento mitológico do inconsciente (Izdubar). As diversas ilustrações desse encontro mostram um Jung como uma figura diminuta, respeitosa, frente a um Izdubar

---

69. Segundo Jung, "os deuses tornaram-se doenças. Zeus não governa mais o Olimpo, mas o plexo solar, e produz espécimes curiosos que visitam o consultório médico, também perturbam os miolos dos políticos e jornalistas que desencadeiam pelo mundo verdadeiras epidemias psíquicas". *Comentário a "O segredo da flor de ouro"*. OC, vol. 13, § 54.

gigantesco. Izdubar representa toda a tradição que a humanidade traz em sua história memorável, todas as suas aquisições e aprendizados depositados como memória ancestral no inconsciente coletivo. Perante esses conteúdos, os valores da consciência parecem ser diminutos. Ainda assim, o pequenino Jung, com seu pensamento racional e sua lógica científica, pode ser letal para o herói-deus que adoece gravemente. Vemos aqui uma bela e poética metáfora para o poder destrutivo que a *deusa razão* pode ter sobre o pensamento simbólico.

Consideramos essa passagem do encontro de Jung com Izdubar uma das mais importantes de todo o *Livro Vermelho*, pois ela fala do *resgate do pensamento mitológico através da imaginação*. Quando Izdubar encontra-se gravemente doente, deitado ao solo e ameaçado de morte, Jung preocupa-se seriamente com a sobrevida do deus. Ocorre então um processo de mudança de dimensões de caráter radical: o enorme deus fica reduzido a um tamanho diminuto e é colocado em um ovo. Segundo Gaston Bachelard a mudança de referências espaciais é um elemento essencial ao *devaneio*. Estamos partindo aqui do *muito grande* (o poderoso deus da antiguidade mitológica) para o *muito pequeno* (o deus em estado de incubação dentro do ovo)[70]. A mudança de referência espacial é fundamental para a sobrevida de Izdubar, isto é, ele deixa de ser algo literal para ser algo simbólico. A chave do símbolo é o caminho para se manter o deus vivo. Se o viajante Jung vem do Ocidente trazendo a tecnologia, o pensamento racional e a praticidade, o deus traz do Oriente a sabedoria dos mitos e das experiências ancestrais. O caminho apontado é o da junção de ambos, a racionalidade não deve sufocar o mitológi-

---

70. Cf. vários exemplos de alteração de espaço em experiências de devaneio em BACHELARD, G. *A poética do espaço.*

co, mas *abrigá-lo sob o manto da ferramenta simbólica*. A psicologia do inconsciente é o caminho para manter a tradição simbólica.

Um outro aspecto importante do encontro com Izdubar é o emprego de ilustrações, o que representa uma abordagem pela linguagem não verbal. Se desde Anna O.[71] temos a mensagem de que a psicoterapia *é uma cura pela fala*, nesses inícios do método junguiano de psicoterapia temos expressados os caminhos de *uma cura pela não fala* ou por técnicas expressivas diversas. Jung e autores da escola junguiana sempre valorizaram o uso de técnicas não verbais em psicoterapia, pela ênfase ao uso do desenho, pintura modelagem e a chamada *caixa de areia* para expressar conteúdos do inconsciente.

Outro aspecto do episódio do herói Izdubar é o próprio nome do personagem. Sabemos hoje que Izdubar é na verdade o antiquíssimo herói sumeriano Gilgamesh, do épico *Gilgamesh, rei de Uruk*. O nome Izdubar foi corrigido para Gilgamesh em textos anteriores à escrita do *Liber Novus*, e Jung tinha conhecimento disso[72]. Por que então manteve o nome Izdubar? Essa é mais uma confirmação que os diversos personagens mitológicos, da história antiga, os personagens bíblicos do Antigo e do Novo Testamento que povoam o *Livro Vermelho*, são na verdade personificações de conteúdos inconscientes do próprio Jung, uma verdadeira *cosmologia pessoal*, como a chamou Shamdasani.

---

71. Anna O. é o nome fictício para Olga Pappenheim, a famosa paciente de Joseph Breuer e posteriormente de Freud. Ao tratar Anna, Freud estava lançando os fundamentos de um novo método de tratamento que viria a se chamar psicanálise. Anna O. usou metáforas para se referir ao método de Freud, chamando-o de "limpeza de chaminé" ou de "cura pela fala".

72. Shamdasani esclarece a questão do nome Izdubar na entrevista a Ann Casement no *Journal of Analytical Psychology*, vol. 55, n. 1, fev./2010, p. 42.

6
OS LIMITES DA CRIATIVIDADE E DA LOUCURA

Perto está
O Deus, e difícil de entender.
Mas onde há o perigo,
Cresce, o que salva também.
F. Hölderlin. *Poemas.*

Mas o espírito das profundezas havia
conseguido este poder pelo fato de eu,
durante 25 noites no deserto, ter falado
à minha alma e lhe ter declarado todo
o meu amor e submissão. Mas durante
os 25 dias dediquei todo meu amor e
minha submissão às coisas, às pessoas e
aos pensamentos dessa época. Somente
à noite eu ia para o deserto.
C.G. Jung. *Liber Novus*, p. 238.

A loucura da Sra. Miller

Pouco antes de ter as suas marcantes experiências interiores que iriam originar o *Livro Vermelho*, Jung publicou em 1911 um livro divisor de águas, um marco em sua obra que acabou levando a sua separação de Sigmund Freud, a obra *Símbolos da transformação*. O trabalho teve como base um relato de viagens de uma jovem americana a quem nunca chegou a conhecer pessoalmente. Jung julgou que as diversas imagens e poesias que essa personagem de nome Frank Miller descrevia denunciavam um perigo de psicose, de esquizofrenia, o que o levou a colocar como subtítulo da obra: "Sobre os pródromos de um caso de esquizofrenia"[73]. O livro foi publicado apenas dois anos após Jung deixar seu cargo de médico assistente no Hospital Psiquiátrico Burghölzli, onde acompanhara centenas de casos de esquizofrenia durante anos e pudera perceber a emergência de conteúdos mitológicos arquetípicos nas psicoses. Percebera que a psique pessoal era invadida pelos conteúdos arquetípicos nesses casos. Mas Jung enganou-se em seu prognóstico pessimista com relação a Sra. Miller. As pesquisas de Shamdasani[74] vieram a mostrar que a Sra. Miller fora aluna do professor e acadêmico suíço Théodore Flournoy, tendo estudado por um semestre com ele na Universidade de Genebra. A Sra. Miller não apresentara nenhum sintoma psicótico. Ao contrário, uma mulher bastante social e comunicativa, viajava por diversos países da Ásia, principalmente a parte oriental da Rússia, e, voltando aos Estados Unidos, dava palestras sobre suas experiências etnológicas. Em suas viagens escrevia seu relato de experiências com poesias e relatos mitológicos. Entre esses relatos há a figura do herói Chiwantopel (personagem do poeta americano Henry Longfellow)[75], que morre quando o chão se abre e uma serpente ataca seu cavalo. Faz também um poema: "A canção da mariposa", que fala sobre o destino da mariposa ao se dissolver na chama, após ser atraída de forma irresistível por ela. Essas e diversas outras imagens estariam, segundo Jung, denunciando uma situação de fragilidade psíquica.

---

73. JUNG, C.G. *Símbolos da transformação*. "Sobre os pródromos de um caso de esquizofrenia". OC, vol. 5. Petrópolis: Vozes.

74. Cf. SHAMDASANI, S. "A woman called Frank". *Spring*, n. 50: "An annual of archetypal psychology and Jungian thought". Dallas: Spring. Cf. tb. SHAMDASANI, S. *Jung stripped bare by his biographers, even*.

75. Henry Wadsworth Longfellow (1807-1882), poeta norte-americano, autor do poema "A canção de Hiawatha", que inclui as aventuras do herói Chiwanthopel.

Percebemos entre as imagens mitológicas da Sra. Miller o tema da *morte do herói*, tema que também irá aparecer no *Livro Vermelho*. Ao contrário da Sra. Miller, mais identificada com os temas de herói e do heroísmo, Jung, no *Liber Novus é o próprio assassino do herói Siegfried*, uma posição bastante diferente. Auxiliado por uma figura do inconsciente, um *trickster*, Jung prepara uma emboscada cheia de esperteza para destruir Siegfried, símbolo de sua atitude heroica desgastada a ser superada[76]. No caso da Sra. Miller a destruição de Chiwantopel é vista como ameaça e algo muito ruim, pois o ego está identificado ainda com a atitude heroica antiga que já está sendo chamada a se modificar a partir do inconsciente. É necessário lembrar que o herói mitológico morre cedo, nenhum herói morre idoso, pois a idade avançada já pertence a outro ciclo, o do *Velho Sábio*. Por isso é importante que se saiba renunciar ao herói, pois este, após cumprir sua tarefa, *morre*, isto é, deixa nosso mundo da consciência e volta para o inconsciente coletivo de onde veio. Esse é um importante ensinamento que nos vem pelo mitologema do herói.

Loucura e renovação nas transições

Comentávamos que Jung errou no prognóstico pessimista para a Sra. Miller, considerando seu caso um problema de psicose iminente. Uma segunda vez Jung iria se enganar: *consigo mesmo*. Ao perceber igualmente imagens arquetípicas de grande intensidade emergindo em sua mente, entre elas a da Europa mergulhada em um oceano coberto de cadáveres, suspeitou que estivesse doente psiquicamente[77]. Esses sentimentos e erros de avaliação são compreensíveis se lembrarmos que o ego está acostumado aos padrões

---

76. Cf. a interpretação da armadilha ao herói no capítulo precedente.

77. Cf. a reação inicial de Jung ao material que nele emergia no capítulo "A gestação da obra".

de orientação da consciência e de seu cotidiano. As imagens do inconsciente coletivo que emergem são inteiramente novas e causam estranheza e sentimentos de ameaça. Esse fenômeno acontece nos momentos de transição, quando há uma grande ativação do arquétipo do si-mesmo, promovendo a renovação da personalidade total. Esses processos são característicos do que Perry[78] chamou de *síndrome de renovação* da personalidade. Devido à grande intensidade que essas imagens se constelam na consciência, o ego vê seus referenciais habituais sendo questionados. Mas quando, como aconteceu com Jung, a consciência dispõe de mecanismos para elaborar e integrar toda a energia em processo de transformação pelos símbolos arquetípicos, o desenvolvimento da personalidade é muito grande. Esse processo de assimilação de novos valores do inconsciente é bastante gradual e presenciamos com frequência esse fenômeno acontecendo durante vários anos com pacientes nossos. Essas vivências intensas do mundo arquetípico adquirem por vezes intensidade dramática ameaçando o equilíbrio consciente. Esse processo é muito comum em adolescentes, que geralmente vivenciam um grande processo de transição. Os valores tradicionais que recebem da família e dos pais não são mais suficientes, há o processo (ativado pelo próprio si-mesmo em busca do sentido, novo significado existencial) que leva o adolescente a questionar os valores antigos em busca dos próprios valores pessoais. É muito comum aparecer então uma crise pessoal de menor ou maior profundidade, muitas vezes de natureza espiritual. Símbolos arquetípicos costumam emergir em fantasias e ideias aparentemente irracionais. Essa crise pode atingir dimensões de uma marcante crise espiritual. Mas o adolescente ou adulto jovem, sendo capaz de integrar essa energia arquetípica que é colocada à disposição de sua consciência, pode realizar um grande crescimento psicológico.

---

78. PERRY, J. *The far side of madness.*

O *Liber Novus*, como já foi comentado, marca o momento de transição para Jung, sua crise de metade de vida[79], o início do processo que ele chamou em MSR de confrontação com o inconsciente. Nessa experiência de caráter radical não faltam abordagens que enfatizam de forma exagerada a questão da patologia mental e se perguntam se Jung estaria naquele momento mentalmente perturbado ou teria sofrido momentos de desorientação psicológica que depois superou. Essas são perguntas difíceis de responder plenamente, mas não deixam de ser muito importantes e devem ser abordadas com critério.

Já mencionamos (no capítulo 3, "A gestação da obra") que valorizamos apenas de forma relativa a chamada *crise de metade de vida* na elaboração do *Livro Vermelho*. Pensamos que, embora seja um momento de transição importante, uma *metanoia* (grego: transformação da mente), ela só ocorre devido a todo um acúmulo de experiências anteriores, desde a infância, uma expressão do *mito pessoal* de Jung, como demonstramos no capítulo citado. Mas em que medida o limite normal-patológico foi ultrapassado nessa transição de Jung? Ouvimos de diversas fontes comentários sobre a estabilidade psicológica de Jung durante a escrita desse livro tão denso de símbolos e não podemos esquecer que *o próprio Jung* duvidou de seu equilíbrio psíquico a princípio.

"Um esquizofrênico que se curou"

Há uma famosa e muito polêmica resenha do psicanalista inglês Donald Winnicott sobre o livro de memórias de Jung, *Memórias, sonhos e reflexões*[80]. Winnicott argumenta que Jung foi vítima

---

79. Cf. a discussão da crise de metade de vida no capítulo "A gestação da obra", em esp. a nota 16.

80. Cf. WINNICOTT, D.W. *Review of Memories, Dreams, Reflections*, 1989.

de um *trauma precoce* bastante significativo, pois sua mãe deprimiu-se, esteve internada e afastada da família, segundo o próprio Jung relata. O bebê Jung desenvolveu então um eczema alérgico e sofreu ainda com a separação dos pais. As doenças de pele são, como é sabido, típicas manifestações de distúrbios de relação precoces do bebê com a figura cuidadora. Desde então, Jung teria tido problemas em desenvolver um sentimento de si-mesmo *unificado* (suas personalidades números 1 e 2), coisa que só teria alcançado mais ao final da vida! Jung teria ainda dificuldades em expressar emoções negativas em relação aos pais. Sua fantasia infantil de Deus defecando sobre uma igreja revela impulsos agressivos em relação ao pai nunca totalmente elaborados conscientemente, necessitando vir à consciência dessa maneira mais simbolizada[81]. Na verdade, segundo Winnicott, Jung seria um caso raro de esquizofrenia infantil que posteriormente teria se curado[82].

Em livro recente, o analista junguiano Donald Kalsched fez importante reflexão sobre essas questões levantadas por Winnicott[83]. As interpretações de Winnicott na verdade não fazem justiça aos dados mais precoces sobre a vida de Jung que temos acesso em sua autobiografia. Suas primeiras lembranças são de uma grande felicidade, um bem-estar quase indescritível e uma boa integração com o meio ambiente. O afastamento da figura materna parece ter ocorrido em fase posterior, após o terceiro ano de vida, quando o sentimento de identidade em Jung já estava estabelecido. Sem dúvida, em diversas ocasiões podem-se perceber em Jung mani-

---

81. Winnicott está se baseando para essa interpretação na Teoria das Relações Objetais de Melanie Klein, na questão dos objetos parciais e totais internalizados. A criança só é capaz de ter a representação de um objeto total em fase de maturidade psicológica após a chamada posição depressiva.

82. Cf. o artigo de Winnicott, p. 484.

83. KALSCHED, D. *Trauma and the Soul*. Routledge, 2013.

festações de forças originais não totalmente integradas em sua
consciência que só o foram posteriormente pela escrita do *Liber
Novus*. Com isso se confirma a escritura do livro como uma forma
de Jung elaborar elementos primitivos de seu próprio inconsciente, criando um método terapêutico novo. Podemos assim discor-
dar das interpretações de Winnicott, reconhecendo, entretanto,
que Jung tinha por vezes dificuldade em reconhecer elementos
de seu inconsciente pessoal em certas manifestações simbólicas,
atribuindo a elas muito rapidamente um caráter arquetípico ou
premonitório. O sonho do falo subterrâneo, com todas as implicações míticas que tem, possui naturalmente elementos associados
ao desenvolvimento psicossexual de Jung, a ideia de um Deus que
defeca sobre a igreja fala de impulsos pessoais agressivos contra
o pai etc. Kalsched, estudando em diversos pacientes a questão
do *trauma precoce*, detectou a presença do que chama um espírito
pessoal arquetípico, que necessita proteção durante a vivência do
trauma[84]. Esse espírito arquetípico abre também novas dimensões
de percepção e criativa. Foi um tipo de processo criativo assim que
se descortinou para Jung.

A loucura inspirada

Vamos considerar a seguir duas passagens particulares do *Liber Novus* nas quais Jung trata dos limites do normal/patológico e
de como uma abordagem convencional desse problema pode ser
destrutiva e prejudicial. A primeira delas é a descrição no *Liber
Primus* de uma *descida ao inferno do futuro*, onde o autor encontra
com suas sombras. Lá comenta:

> Quando o deserto começa a dar frutos, vai produzir
> uma vegetação estranha. Tu te julgarás louco e, em certo

---

84. Kalsched sugere que o trauma precoce abre também caminhos para vivências místicas
de natureza arquetípica transformadoras da personalidade.

sentido, serás louco. Na medida em que o cristianismo deste século sente falta da loucura, sente falta da vida divina. Observai por que os antigos nos ensinaram em imagens: a loucura é divina[85].

Há aqui um claro questionamento das formas que a Modernidade tem abordado o tema da loucura, dos problemas derivados da questão não ser suficientemente bem-abrangida pelas categorias modernas classificatórias da psiquiatria e da psicologia. Shamdasani acrescenta, à guisa de comentário às palavras de Jung, como a loucura foi abordada na Antiguidade, *o tema da loucura divina*. Cita as diversas formas de loucura que Sócrates cita durante o diálogo *Fedro*, de Platão:

> Sócrates distinguiu quatro tipos de loucura divina: 1) adivinhação inspirada, como na profetisa de Delfos; 2) casos em que indivíduos, quando antigos pecados deram origem a perturbações, prorromperam em profecia e incitaram à oração e ao culto; 3) possessão pelas Musas – o homem de técnica nunca tocado pela loucura das Musas nunca será um bom poeta; 4) o amante[86].

Cita também o humanista Erasmo de Roterdã, o qual em seu ensaio *Elogio à loucura*[87] menciona dois tipos de loucura, a *loucura dos homens* e a *loucura inspirada*. Essa última seria de ordem transcendente, divina, outorgada pelo cristianismo.

O comentário relembra os modos de alteração da consciência que a antiga Grécia evocava, inserindo-as dentro dos parâmetros da criatividade. As loucuras da Pitonisa (inspiração religiosa), do homem nos momentos de criação (inspirado pela Musa) e a do

---

85. *Liber Primus*, cap. V., "Descida ao inferno no futuro", p. 238.
86. SHAMDASANI, S. *Liber Primus*, p. 238, citando Platão.
87. ROTERDÃ, E. *O elogio da loucura*. L&PM Pocket, 2006.

amante não cabem nos limites estreitos da normalidade como é concebida em ciência atual. Jung lança mão de um critério transcultural de comparação para demonstrar que o critério de normalidade não tem sentido. A chamada loucura era sagrada na cultura antiga; o homem criativo, inspirado pela Musa também está fora da norma, assim como o servidor de Dioniso, apaixonado através do vinho inspirador. Essas são algumas formas da loucura criativa.

"A normalidade é uma ficção ideal"

Se o próprio conceito de loucura é questionado, o conceito atrelado a ele, o de *normalidade*, vem sendo posto em xeque. Para citar apenas algumas referências, o próprio Sigmund Freud proferiu uma afirmação que se tornou famosa: "a normalidade é uma ficção ideal"[88]. Outros autores se detiveram no problema no excesso de normalidade, na excessiva adaptação às normas coletivas, essa sim, uma patologia. A conhecida psicanalista e psicossomaticista Joyce McDougall cunhou o termo *normopatia*, reservando essa qualificação para aqueles excessivamente presos às normas sociais e à normalidade convencional. Por seus rituais de adaptação, os *normopatas* pagariam com uma tendência excessiva à somatização. Já que os sintomas apareceriam menos na psique, eles tenderiam a aparecer no corpo. O termo *Normótico*, do psicanalista inglês Christopher Bollas, teria um sentido semelhante. Também James Hillman defende que o *patologizar* é um dos movimentos vitais e espontâneos da alma, sendo uma necessidade vital da vida psíquica. A vida da alma inclui o patologizar; esse não é, portanto, nenhum desvio grave de uma normalidade impossível de alcançar. A própria palavra patologia deriva de *pathos*, paixão. É próprio

---

88. Cf. a conhecida colocação de Freud: "A anormalidade é uma ficção ideal". In: *Analysis, terminable and interminable* [*Análise: terminável e interminável*]. Standard Edition, vol. XXIII (1937), p. 235.

da alma o patologizar, faz parte de seus movimentos vitais e de suas manifestações básicas. Hillman nos convida a ter uma nova perspectiva sobre a psicopatologia, uma perspectiva de que *o patologizar* é uma necessidade apaixonada de manifestação da alma, de que sempre estará lá presente. Sua ausência total será típica de uma anemia psíquica grave, esta sim, sintoma de algo sério a ser modificado[89]. De maneira semelhante, Jung procura trazer a experiência do extraordinário, o *estranho* e do inusitado como algo fundamental dentro das experiências do ser humano, algo novo a ser incorporado, integrado e compreendido pela consciência.

Com relação ao problema da adaptação, Jung elaborou a conceituação de *persona*[90], um artefato psicológico, aquilo que desejamos mostrar para os outros, uma máscara social, um *recorte da psique coletiva*, que, embora necessária para a adaptação, se usada em demasia pode provocar os problemas aos quais nos referimos há pouco. A *persona* (palavra derivada de *sonare* – soar, *per* – através de) era na verdade a máscara teatral usada pelo ator antigo. O teatro grego clássico como ritual sagrado era vedado às mulheres, cabendo aos homens fazer os papéis masculinos e femininos, usando grandes máscaras. Se ainda hoje as usamos, é como se nosso cotidiano fosse um jogo de máscaras, nossa vida um grande palco. E o risco é grande de uma identificação com a *persona*, fazendo-se uma perigosa fusão identidade-máscara social[91].

---

89. Sobre o *patologizar*, cf.: HILLMAN, J. *Re-vendo a psicologia*. Petrópolis: Vozes, 2011.

90. Sobre o conceito de *persona* cf. JUNG, C.G. *O eu e o inconsciente*, especialmente, cap. 3: "A *persona* como recorte da psique coletiva".

91. A conceituação de sintomas psicológicos que fogem à normalidade não é facilmente realizável. Em primeiro lugar, os próprios termos usados em classificações médicas tradicionais, o modelo americano, o DSM V e o modelo da OMS, o CID-10 (Código Internacional de Doenças) vêm sofrendo críticas como incapazes de dar uma visão adequada do que é o sofrimento psíquico em si. Já se fazem críticas mesmo à tentativa de dar nomes a estados psíquicos extremos, fora da normalidade psíquica habitual. O Prof. Ilídio Costa, coordenador do GPSI (Grupo de Intervenção Precoce nas Primeiras Crises do tipo Psicótico) na Universidade de Brasília, propõe uma nova abordagem da crise psiquiátrica inicial.

Uma balança simbólica

Toda essa digressão visa discutirmos o quanto é delicado ava-
liarmos a situação psicológica de Jung nos anos de escrita do *Livro
Vermelho* e emitir um juízo de valor ou um critério de julgamento
sobre seu estado psicológico então. O homem criativo, em momentos de *metanoia* (transformação da mente), passa por altera-
ções radicais de seu processo consciente. É interessante enfatizar
que o próprio Jung continua a falar sobre o tema dos desafios do
diagnóstico da loucura, no capítulo VI, logo a seguir:

> É indubitável: quando penetras no mundo da alma, fi-
> cas como doido, e um médico vai julgar-te doente. Isto
> que eu digo aqui pode parecer doentio. Mas ninguém
> melhor do que eu para dizer que é doentio[92].

> Assim venci a loucura. Se não sabeis o que é loucura di-
> vina, renunciai ao julgamento e esperai pelos frutos[93].
> Falai então de loucura doentia, quando o espírito da
> profundeza [...] obriga a pessoa a falar em línguas em
> vez de falar numa linguagem humana, e a faz crer que
> ela mesma é o espírito da profundeza. Falai também de
> loucura doentia quando o espírito dessa época [...] a
> obriga a ver sempre apenas a superfície, a negar o espí-
> rito da profundeza e considerar a si mesma o espírito
> dessa época. O espírito dessa época é não divino, o es-
> pírito da profundeza é não divino, a balança é divina[94].

Sugere nesses casos a denominação de "estado de sofrimento psíquico", evitando-se qualquer outra denominação ao estado de alteração psicológica grave que impeça a adaptação
plena do sujeito. Essa é uma crítica radical à incapacidade dos sistemas de classificação e
diagnóstico da contemporaneidade de dar conta da fenomenologia da alma (apud RIBEI-
RO, 2011, p. 71ss.).

92. *Liber Novus*, p. 238.

93. Ibid.

94. Ibid.

Jung deixa claro na primeira citação que percebe bem que quem entra no mundo da alma parece como que doentio. Embora ninguém como ele, *que teve a verdadeira experiência*, poderá dizer o que é verdadeiro ou não. Na segunda colocação Jung faz uso de um estilo lírico para evocar que há dois tipos de loucura: no primeiro, a pessoa se julga tomada de poder especial, ela própria se julga um poder transpessoal, sofre um processo de identificação onipotente com o arquétipo, uma *inflação psíquica*; em um segundo tipo de loucura, alguém se julga porta-voz de algo válido para todos, sofre uma identificação com um valor da *persona*. Ambas são formas de loucura, porque ambas igualmente unilaterais. Jung usa a *metáfora da balança*, para dizer que *só a balança é divina*. A imagem da balança equilibrada foi vivida por ele próprio, segundo ele mesmo descreve. Durante vinte e cinco noites no deserto permaneceu dando ouvidos a sua alma e às vozes do inconsciente. Durante os outros vinte e cinco dias esteve cuidando das coisas do mundo. Essa é uma forma poética para se descrever uma busca de equilíbrio entre o mundo do inconsciente e as obrigações e vínculos do cotidiano. Dessa maneira simbólica é descrito um fator fundamental no diagnóstico entre as fronteiras da normalidade e da patologia: *a presença do pragmatismo*, i.e., a capacidade de manter um elo com as pessoas e obrigações do cotidiano, "as coisas do mundo sendo cuidadas durante vinte e cinco dias".

Um sonho de incubação em três níveis

No *Liber Secundus* Jung volta a abordar a questão da loucura, mais especificamente a partir do capítulo XV, *Nox Secunda*. Nessa parte do livro Jung se imagina adentrando uma ampla biblioteca e conversa com um bibliotecário, que descreve como homem culto, mas extremamente racional e limitado em sua lógica. Obtém do bibliotecário um exemplar do livro *A imitação de Cristo*, breviário de espiritualidade medieval atribuído ao monge Tomás de Kempis. O bibliotecário é incapaz de alcançar a dimensão espiritual do livro. Depois, Jung entra em uma misteriosa cozinha que pertenceria ao bibliotecário. Lá ocorre um curioso diálogo com uma cozinheira que compreende de forma direta e intuitiva a importância espiritual do livro de Kempis, possuindo inclusive um exemplar igual, pois sua mãe lhe dera um. Conversando com a cozinheira, Jung, sem perceber, adormece e passa por experiência que ele considera um verdadeiro *sonho de incubação*[95] semelhante aos sonhos nos antigos templos gregos do deus-médico Asclépio. Jung o nomeia como *de incubação* porque o sonho descreve uma complexa experiência que se desdobra em três planos diferentes: *no primeiro deles* está adormecido na cozinha de posse do livro *A imitação de Cristo*; *no segundo* sofre uma internação psiquiátrica, e os limites da normalidade, criatividade, loucura e experiência religiosa são discutidos; em um *terceiro nível*, assiste a uma elaborada peça teatral, na qual elementos do Mito do Graal são encenados no palco. Os elementos desses três planos têm graus diferentes de correspondência e se explicam uns aos outros. É usada aqui a estrutura de "um sonho dentro de um sonho", cada plano mostrando grau de complexidade maior que o outro e apontando ainda para uma possível interpretação do conteúdo onírico total.

Na primeira experiência na biblioteca, o diálogo com o bibliotecário, o vazio da intelectualidade é colocado em contraposição a uma verdadeira procura de conhecimento. O bibliotecário, homem mergulhado em seus livros, não tem nenhum interesse em *A imitação de Cristo*, um livro de piedade medieval. Talvez sua

---

95. Incubação: do latim *cubare*: deitar-se. *Sonhos de incubação* eram antigos sonhos rituais de cura nos templos do deus da medicina Asclépio em Epidauro, Dodona e alguns outros santuários. Cf. MEIER, C.A. *Ancient incubation and modern psychotherapy*. Cf. a comparação de Jung com os sonhos de incubação à p. 302 do *Liber Secundus*, cap. XVII, "*Nox Quarta*".

cozinheira tenha uma percepção afetiva mais profunda da obra. A dicotomia pensamento-sentimento, a unilateralidade da razão na cultura ocidental, um problema denunciado em diversos momentos na obra de Jung, já aparece questionado aqui.

Quando Jung está deixando a cozinha, ele descreve uma experiência da visita de mortos que *estavam indo a Jerusalém rezar no túmulo mais sagrado*[96]. Na conversa com um dos mortos, Jung é percebido pela cozinheira, que considera seu comportamento estranho e oferece ajuda, e pelo bibliotecário, que toma atitude mais drástica, chamando a polícia. Aqui é descrita de forma alegórica o conflito da experiência direta do inconsciente com o julgamento social cotidiano, incapaz de compreender a experiência subjetiva em profundidade. Essa compreensão cabe somente àquele que tem a experiência, que depois deverá assimilá-la ao ego e integrá--la em formas socialmente adequadas. O núcleo da criatividade talvez resida exatamente nisso: o espelhamento para o socialmente aceito das verdades eternas do inconsciente. A loucura seria a incapacidade desse mesmo espelhamento, a cristalização no olhar pétreo da Medusa, a *vitrificação* (*vitrificatio*) da *albedo* alquímica, *seu congelamento em imagens rígidas.*

Nesse episódio do *Liber Novus*, Jung sofre metaforicamente um processo de *contenção psiquiátrica* por estar aparentemente alienado da realidade. É então levado para o hospital psiquiátrico, numa clássica internação psiquiátrica emergencial. Nessa parte da obra todo o ritual de internação, de interrogatório psiquiátrico clássico é criticado. Jung é interrogado pelo médico-chefe, que assume atitude autoritária clássica:

> *Professor*: "Que espécie de livro o senhor tem aí?"
> "É Tomás de Kempis: *A imitação de Cristo*."

---

96. *Liber Secundus*, cap. XV, p. 294. Cf. tb. o capítulo "O legado dos mortos", onde discutimos a importante presença dos mortos no *Liber Novus*.

Professor: "Portanto, uma forma religiosa de alienação, claramente uma paranoia religiosa. – O senhor vê, meu prezado, o seguimento de Cristo leva hoje em dia ao manicômio".

"Não há dúvida nenhuma, senhor professor."

Professor: "O homem tem humor – certamente algo despertado maniacamente. O senhor ouve vozes?"

[...]

Professor: "[...] O senhor é perseguido pelas vozes?"

"De modo nenhum, sou eu que as procuro."

Professor: "Ah, é outro caso que prova claramente que os alucinantes procuram diretamente as vozes. Isto pertence à história da doença. Quer ter a bondade, senhor doutor, de anotar isto imediatamente".

"Permita, senhor professor, a observação: isto não é absolutamente doentio; é, antes, método intuitivo."

Professor: "Decididamente, o homem tem também uma formação de linguagem nova. Ora – o diagnóstico poderia estar suficientemente esclarecido. Desejo, pois, melhoras e mantenha-se bem quieto."

"Mas, senhor professor, eu não estou doente. Sinto-me muito bem."

Professor: "Veja, meu prezado, o senhor ainda não tem ideia da doença. O prognóstico é naturalmente mau, no melhor dos casos trata-se de cura deficiente"[97].

Nessa entrevista psiquiátrica clássica, que muito pouco ou quase nada difere das entrevistas psiquiátricas em primeiros atendimentos atuais, sucessivas possibilidades de entendimento mais aprofundado do paciente são destruídas e reduzidas a sintomas e

---

97. *Liber Secundus*, cap. XV, p. 295.

defesas psicopatológicas. O manual de Tomás de Kempis é interpretado como *uma forma religiosa de alienação, uma paranoia religiosa*. Um possível senso de humor preservado teria sido *despertado maniacamente*. Os clássicos *fonemas auditivos* são logo procurados como uma confirmação para um diagnóstico psicopatológico, sem maiores aprofundamentos na avaliação. Quando o próprio paciente demonstra uma sofisticação intelectual maior, dizendo estar perfeitamente bem, que os diálogos com as imagens que realiza seriam produto de *um método intuitivo*, tal afirmativa é logo classificada como sintoma típico de crise psicótica, no caso *a formação de linguagem nova* ou *produção de neologismos*, na avaliação psiquiátrica. Jung passa então por todo um périplo em um hospital psiquiátrico, internado em uma enfermaria com outros pacientes.

Jung emprega nessa bem-humorada (e ao mesmo tempo trágica) metáfora de uma internação psiquiátrica uma rigorosa crítica ao modelo médico desprovido da perspectiva simbólica. Ao mesmo tempo, elaborando essa metáfora, mostra estar consciente de que com o *Liber Novus* está propondo um método de diálogo com o inconsciente tão novo e revolucionário que poderia facilmente ser confundido com uma loucura, uma possessão pelo inconsciente e suas imagens. Voltaremos a esse assunto em nosso capítulo final, discutindo os limites entre a lógica consciente e a aparente irracionalidade do inconsciente e seus desafios.

O Mito do Graal aponta um caminho

No terceiro plano de experiência simbólica ocorre a experiência do Mito do Graal. Jung vê desfilarem em um palco os elementos da saga arturiana. Em primeiro lugar aparece o herói Parsifal, com quem ele se percebe identificado. O Mito do Graal adquire nessa representação uma importância significativa. Histórica e simbolicamente o ciclo arturiano representa a junção criativa de elementos do paganismo europeu com o cristianismo. Nessa fantasia de Jung o mito representa, a nosso ver, *uma saída para a dissociação cultural do Ocidente*. Como vimos, Jung já evocara perspectivas de loucura diversas da visão da Modernidade para relativizar a rígida nosologia psiquiátrica ocidental. Em outros momentos de sua obra Jung evoca também a mitologia grega e de outros povos, a tradição do contar estórias entre os aborígines, na Europa medieval, e os costumes de sociedades tribais para propor abordagens criativas dos limites normalidade/loucura.

O Mito do Graal é de grande complexidade, tendo diversas versões e variações. Foi abordado por vários autores junguianos, sendo a mais conhecida a pesquisa de Emma Jung e Von Franz[98]. A riqueza simbólica do mito é bastante grande; unindo elementos pré-cristãos e do cristianismo, o Mito do Graal é um importante símbolo do processo de individuação, como o descreveu Jung. Historicamente o Mito do Graal também faz uma ponte entre o paganismo e o cristianismo, com seus elementos pagãos inseridos em um tema fundamentalmente cristão. Os elementos do mito que aparecem no *Liber Novus* estão mais relacionados à versão de Wagner em sua ópera *Parsifal*. O editor Shamdasani, em nota de rodapé, comenta esses elementos essenciais:

> Titurel e seus cavaleiros cristãos têm o santo Graal sob sua proteção em seu castelo com uma lança sagrada para protegê-lo. Klingsor é um feiticeiro que procura o Graal. Ele seduziu os guardas do Graal, atraindo-os para seu jardim mágico, onde existem donzelas, flores e a feiticeira Kundry. Amfortas, filho de Titurel, entra no castelo para destruir Klingsor, mas é enfeitiçado por

---

98. Cf. JUNG, E. [esposa de Jung, Emma Jung] & VON FRANZ, M.-L. *O Mito do Graal*. Cultrix. Cf. tb. o texto de Heloísa Cardoso: "O Mito do Graal: resposta para a busca do homem moderno" em meu livro *Mitos e arquétipos do homem contemporâneo*.

Kundry e deixa cair a lança sagrada, e Klingsor o fere com ela. [...]

Amfortas precisa do toque da lança para curar a ferida. Uma voz vinda do santuário do Graal profetiza que só um jovem sem malícia e inocente pode recuperar a lança. Parsifal [...] não sabendo o seu nome nem o de seu pai, os cavaleiros esperam que seja ele esse jovem. Klingsor manda Kundry seduzir Parsifal. Parsifal derrota os cavaleiros de Klingsor. Kundry é transformada numa linda mulher. Ela o beija. A partir daí, ele percebe que Kundry seduziu Amfortas, e a repele. Klingsor arremessa a lança contra ele e Parsifal a agarra. [...]

"O castelo e o jardim de Klingsor desaparecem [...]. Parsifal batiza Kundry. Eles vão ao castelo e pedem a Amfortas que descubra o Graal. Amfortas pede-lhes que o matem. Parsifal toca-lhe a ferida com a lança. Amfortas é transfigurado e Parsifal, radiante, ergue o Graal[99].

Após deixar a misteriosa cozinha após sua experiência de incubação, Jung adentra um palco, onde está sendo representado o Mito do Graal. Vê, em primeiro lugar, o herói Parsifal, em armadura negra. Fica surpreso ao perceber que Amfortas e a Donzela Kundry lembram muito, ou melhor, são quase idênticos ao bibliotecário e a sua cozinheira.

Jung descreve assim sua curiosa experiência com o Graal:

Vi um alto pórtico – no plano de fundo um jardim que parecia magnífico – o jardim mágico de Klingsor, como logo percebi. Eu entrei num teatro: lá estão dois que fazem parte da peça: Amfortas e Kundry, ou antes – o que vejo? É o senhor bibliotecário e sua cozinheira. Ele está doente, pálido e com o estômago embrulhado, ela está desiludida e com raiva. À esquerda está Klingsor e segura a caneta que o senhor bibliotecário costuma trazer atrás da orelha. [...] Klingsor me parece tão familiar! Maldita peça! Mas observa, da direita vem Parsifal. Maravilhoso, também ele me parece familiar. Klingsor atira maldosamente a caneta na direção de Parsifal, que a pega calmamente. [...] A cena muda: parece que o público, neste caso eu, participa da representação do último ato. Temos de ajoelhar, pois o suplício da Sexta-feira Santa começa: Parsifal entra [...]. Parsifal tira o elmo da cabeça. [...] Kundry está longe, esconde a cabeça e ri. O público está deslumbrado e se reconhece a si mesmo em Parsifal. Ele é eu. Eu me dispo de minha armadura histórico-factual, de meu ornamento quimérico e me dirijo em minha camisola de penitência à fonte, lavo sem ajuda estranha meus pés e mãos. Tiro então minha camisola espiritual e visto meus trajes civis. Saí de cena e aproximei-me de mim mesmo, pois eu como público ainda estava piedosamente de joelhos. Levantei a mim mesmo do chão e tornei-me um comigo mesmo[100].

A misteriosa familiaridade entre os diversos personagens do drama mítico e figuras anteriores da experiência de Jung aponta para o fato de que eles estão relacionados uns com os outros e se explicam mutuamente. Amfortas, o rei ferido, é a expressão no inconsciente cultural ocidental da racionalidade dissociada; essa dissociação também representada pela figura do bibliotecário. Ao procurar solucionar a ameaça do feiticeiro Klingsor, Amfortas se torna vítima de Kundry, a donzela enviada por Klingsor. Kundry pertence ao grupo das donzelas ligadas ao jardim de Klingsor. Seu nome

---

100. *Liber Secundus*, p. 302-303.

quer dizer "a portadora de mensagens"[101], característica atribuída às donzelas do jardim mágico. Esse fato a coloca como uma figura de *anima*, a grande portadora de enigmas. A presença do jardim mágico fala de um estado paradisíaco, livre de opostos. O símbolo do jardim está presente nas mais diversas mitologias e manifestações artísticas. Em primeiro lugar o jardim de nossos pais primordiais, o primeiro casal bíblico, o *Jardim do Éden*. Dentro de uma perspectiva judaico-cristã, podemos ver no jardim um momento de integração com a natureza, mas também de inconsciência. O ser expulso do Éden representaria, no caso, o ganho de consciência individual e livre-arbítrio. A própria serpente adquire aqui a função de *anima*, portadora de consciência[102]. Os jardins sempre foram cultuados na cultura grega como sagrados, representando a junção da natureza e da cultura, uma importante integração do natural no espaço civilizado. A deusa Afrodite era a senhora dos jardins, a deusa Flora, sua hipóstase, seria a guardiã das flores[103]. Temos também o *Jardim das Hespérides*, onde são guardadas as maçãs douradas de Afrodite, o *Jardim das Delícias*, como expressou o quadro de Jeronymus Bosch com seu simbolismo surpreendente, entre muitos outros. O jardim, pleno de seduções, pertence ao feiticeiro Klingsor, que se torna um símbolo importante da libido regressiva, a energia que leva ao estado fusional primordial de indiferenciação.

Kundry é capaz de seduzir Amfortas e torná-lo incapaz de enfrentar Klingsor, que o fere empregando a lança mágica que o próprio Amfortas deixara cair; Jung a descreve como sendo semelhante à caneta do bibliotecário. *As armas da razão são incapazes de,*

---

101. Kundry deriva do alemão *Kunde*, que quer dizer: *notícia*, *informação* (Everett, 2011).

102. Essa a interpretação das seitas gnósticas do grupo dos *Ofitas* (*adoradores da serpente*): a serpente com função soteriológica, i.e., de salvação.

103. Sobre Afrodite e os jardins, cf. PARIS, G. *Pagan Meditations* [*Meditações pagãs*. Editora Vozes].

*por si sós, decifrarem o enigma do inconsciente apresentado pela anima-
-Kundry*. Esse mesmo tema reaparece no drama de Édipo, quando
o herói enfrenta outra figura típica de *anima*, a esfinge, que também coloca *um enigma* a ser solucionado[104]. Édipo segue o clássico
modelo de herói onipotente e tenta a resposta puramente racional
para o enigma: "é o homem". A esfinge precipita-se no abismo e
o herói entra triunfante na cidade. Mas sabemos de seu destino
trágico e de que na verdade a *anima* regressiva triunfara. De forma
semelhante, usando as espadas da razão, Amfortas não consegue
estabelecer uma relação adequada com a misteriosa *anima* Kundry,
é seduzido por ela, cai em poder de Klingsor, torna-se o *rei ferido*,
ou *rei pescador*, destituído de seu poder real.

Nessa passagem da ferida de Amfortas evidencia-se o profundo *Mito do Curador Ferido*. A lança mágica que Amfortas deixa cair
é a mesma lança que Klingsor usa para petrificá-lo magicamente.
Seria essa a mesma lança do centurião romano que penetra o lado
do *Rei dos judeus*. Amfortas também é rei; simbolicamente o rei é
um modelo de comportamento, o ideal de ego para toda a cultura,
o modelo em que todos devem se espelhar. Enquanto o *Rei dos judeus*
como Cristo é um símbolo do si-mesmo para a cultura ocidental,
o Rei Amfortas representa o homem ocidental em sua dissociação racional, incapaz de fazer uma relação de compromisso entre o
mundo da razão consciente e o mundo simbólico do inconsciente.

---

104. Como se sabe, o enigma da esfinge é simples: "Qual o animal que de manhã caminha
sobre quatro patas, ao meio-dia sobre duas e à noite sobre três patas?" Édipo responde de
forma racional o simples enigma e crê tê-lo solucionado. A questão dos *enigmas* na Grécia
Clássica tem especial importância. A palavra grega *aenigma* quer dizer: *falar por entre-ter-
mos*, falar veladamente. Os enigmas estavam sempre presentes nos rituais de casamento e
aparecem já na *Teogonia* de Hesíodo no tema repetido dos pais primordiais e das gerações
divinas. Gaia (a senhora dos oráculos) sempre prediz ao Deus Pai que seu filho irá suce-
dê-lo, destronando-o. O Deus Pai (Úrano, Crono) prefere destruir o filho – filicídio – a
procurar resolver o enigma. Laio, ordenando ao servo que mate o recém-nascido Édipo,
segue esse paradigma mítico.

A mesma lança que fere e dissocia deve ser usada de maneira correta para curar e transformar.

A figura de Parsifal, que desconhece seu próprio nome e o nome de seu pai, representa a consciência esvaziada dos antigos valores de família e da cultura. E o herói do Graal tem esse tipo de consciência porque os vinhos novos da renovação espiritual necessitam de odres novos. Só ele pode ter ouvidos abertos para ouvir a mensagem de Kundry, que, exercendo o papel arquetípico de mensageira, lhe diz o verdadeiro nome de seu pai, preparando-o para o renascimento espiritual.

A volta ao jardim mágico da infância é o desejo que permeia toda neurose. Jung formulou a saída do jardim dentro da polarização primordial da dualidade ego-inconsciente, ou mãe-bebê, pela interferência de um terceiro, um *tertio quid non datur*. Esse é representado pela figura concreta do pai ou pela capacidade interna que o bebê desenvolve internalizando a imagem do limite. A estrutura terciária é fundamental na organização da personalidade. A criação desse terceiro espaço, que é o local da manifestação do si-mesmo no desenvolvimento da personalidade, Jung elaborou teoricamente no ensaio *A função transcendente*, escrito à época do *Livro Vermelho*[105].

O Mito do Graal, com seus elementos celtas vitalizando símbolos cristãos, o cálice do Graal, o peixe e o rei ferido, entre muitos outros, aparece no *Liber Novus* a nosso ver como um caminho possível para a superação das unilateralidades da Modernidade. Jung escrevera pouco antes sua obra *Símbolos da transformação*, onde aprofunda o verdadeiro papel redentor do mito para a Modernidade. O mito representaria uma ponte entre a mente racional

---

105. Deter-nos-emos mais nas conexões do *Liber Novus* com a obra *A função transcendente* no cap. 7: "Novos caminhos para uma prática clínica junguiana", onde também nos alongaremos com a questão do terceiro espaço, o *tertio quid non datur* (cf. n. 1, cap. 7).

e a linguagem aparentemente irracional do inconsciente, seria a chave para a superação das dissociações; e a dissociação é, na leitura de Jung, o elemento central das neuroses e de todo sofrimento psíquico. A representação teatral do Mito do Graal parece querer demonstrar essas possibilidades. Descobrindo a importância dos mitos para a cultura, Jung se lançou em outro projeto: descobrir *seu mito pessoal*. Eram os começos do *Livro Vermelho*[106].

---

106. Cf. essa correlação entre os mitos históricos e o mito pessoal de Jung em SHAMDA-SANI, S. *The boundless expanse – The relationship of C.G. Jung with death and life.*

7
Novos caminhos para uma prática clínica junguiana

*Jung deu uma resposta definitiva para
a carência psicológica mais persistente
de nossa cultura – de Édipo a Sófocles,
passando por Hamlet e Fausto –, o
"Conhece-te a ti mesmo".*
James Hillman[107]

A ênfase maior do *Livro Vermelho* é na compreensão de personagens internos, na mitologia pessoal de Jung e o seu significado para o processo de individuação do autor. Mas o livro também encerra caminhos para uma prática clínica nova e revolucionária. O *Liber Novus*, como um todo, pode ser visto como uma autoanálise do autor, uma busca de compreensão de um momento existencial particularmente significativo, no qual, como já observamos, *Jung torna-se o paciente, o método e o seu próprio analista.*

A função transcendente e a imaginação ativa

Alguns aspectos centrais para a clínica foram elaborados teoricamente por Jung no texto *A função transcendente*, uma obra revolucionária que veio a ser considerada um de seus principais trabalhos

---

107. HILLMAN, J. *Healing Fiction*, p. 53. Com essa frase, Hillman inicia o capítulo "O pandemônio das imagens" no qual sintetiza o método terapêutico junguiano pelas experiências das imagens ("o pandemônio das imagens"). Jung desenvolveu seu método terapêutico a partir de suas experiências descritas no *Liber Novus*.

em toda a obra completa. Escrito em 1916, contemporâneo portanto ao *Livro Vermelho*, foi muito influenciado pelas experiências de Jung por essa época. O caráter dessa obra é tão marcante que o próprio autor relutou em publicá-la com receio de ser mal compreendido. O trabalho teve um destino semelhante ao do *Livro Vermelho* ficando guardado, desconhecido do público em geral até 1957, quando foi descoberto por acaso por alunos do Instituto C.G. Jung de Zurique, que o levaram à publicação.

Penso que o trabalho *A função transcendente* tem sua enorme importância na obra completa porque nela encontramos sistematizado de forma coerente e teoricamente válida o problema da produção espontânea de símbolos a partir do inconsciente. A *função transcendente* nada tem a ver com a questão das quatro funções psicológicas que Jung desenvolveu posteriormente em seu trabalho sobre os tipos. É antes a capacidade de produção espontânea de um terceiro elemento a partir da tensão de fatores opostos, de um valor consciente e de outro inconsciente. Esse terceiro, chamado por Jung um *Tertium quid non datur*[108], é a imagem simbólica que aponta para uma saída criativa a partir da tensão de opostos inerente ao conflito psicológico. Alguns viram nessas complexas elaborações de Jung uma importante influência do filósofo Friedrich Hegel, com sua proposta filosófica da dinâmica da história construída a partir de uma oposição de uma tese por uma antítese, que levaria a uma síntese; essa nova síntese passando a atuar como nova tese em nível superior, e assim por diante[109].

A produção de símbolos a partir do inconsciente fala da criatividade do si-mesmo e das possibilidades do arquétipo central construir

---

108. Expressão do latim: "Uma terceira possibilidade não classificável em duas anteriormente dadas".

109. Cf., para uma comparação da filosofia hegeliana com a concepção da função transcendente: SOLOMON, H. "Ethics and Clinical Practice". In: STEIN, M. (org.). *Jungian Psychoanalysis*.

caminhos novos. Essa produção simbólica se realiza independentemente da volição consciente e mostra a função organizadora do si-mesmo. Essa colocação de Jung, definindo um aspecto criativo no inconsciente pela produção de símbolos, é revolucionária e realmente nova. Freud comentou certa vez[110] que a humanidade teve três grandes golpes em seu narcisismo: o primeiro foi a teoria heliocêntrica de Copérnico, demonstrando que a terra não é o centro do universo; a segunda foi o evolucionismo de Darwin, demonstrando que o homem não foi criado diretamente à imagem e semelhança de Deus, mas evoluiu a partir dos antropoides superiores; e o terceiro foi a Teoria da Psicanálise, demonstrando que o homem não é senhor de sua própria casa. Embora a afirmação de Freud seja verdadeira, pois sua exploração sistemática do inconsciente foi revolucionária, ele sempre afirmou que o *id*, ou *o isso*, a nova estrutura no inconsciente, seria um feixe de pulsões sem direção, algo desordenado. A organização da psique caberia sempre ao ego, que deverá ser sempre o organizador para que o indivíduo viva em saúde e equilíbrio. *Onde haja id, faça-se ego*[111]. Esse o mote central para o progresso psicológico.

Caberia a Jung demonstrar a presença efetiva do centro da totalidade, incluindo processos conscientes e inconscientes, o *si-mesmo*, com capacidade de organizar a totalidade da psique e dar uma direção ao processo de individuação pela produção simbólica. Aqui está o ponto de avanço fundamental de Jung em relação aos achados da psicanálise. Jung demonstrou essa atividade simbólica do *si-mesmo* através da função transcendente, pelo estudo sistematizado de série de sonhos e fantasias. Essas séries de imagens sempre apontarão um caminho, sempre terão um fim, *uma fina-*

---

110. FREUD, S. *New introductory lectures of psychoanalysis*, 1932.

111. "Onde haja id faça-se ego". In: FREUD, S. *New introdutory lectures of psychoanalysis*, 1932.

lidade totalmente fora da percepção consciente do sujeito[112]. A função transcendente se manifesta através de símbolos vivos que apontam para novos caminhos. Esses símbolos se manifestam em forma de objetos, personagens, animais e situações que devem ser confrontados como tendo uma realidade objetiva. Esse processo é fundamental para a transformação psicológica do sonhador. Desse processo imaginativo, muito intenso durante a elaboração do *Liber Novus*, teve origem o método de *imaginação ativa*. O próprio *Livro Vermelho* pode ser visto como uma contínua imaginação ativa, um confronto dialético com uma grande variedade de personagens internas, uma polifonia de diálogos subjetivos. O postulado básico de Jung opera aqui: emoções autônomas têm grande poder sobre o ego, apossam-se dele e têm grande poder dissociativo sobre a consciência. Na medida em que essas emoções são *personificadas* a consciência pode entrar melhor em diálogo com elas, assumir uma postura dialética e esses conteúdos podem ser mais bem-integrados[113]. Isso constitui a essência do valor terapêutico da personificação psicológica, um dos postulados centrais da psicologia analítica, um elemento essencial do *Liber Novus*. Em todo o livro a personificação de conteúdos psíquicos toma lugar, favorecendo a integração de energia, antes no inconsciente. Por exemplo, há uma gradativa personificação do assim chamado *espírito das profundezas*, que se manifesta inicialmente como voz impessoal, depois como um sábio profeta do Antigo Testamento, Elias, mais adiante como o

---

112. Cf. o estudo de uma série de imagens simbólicas produzidas a partir do inconsciente na série de sonhos estudada em *Psicologia e alquimia* (OC, vol. 12) ou na obra *Um estudo do processo de individuação* (OC, vol. 9/2).

113. James Hillman se deteve bastante sobre o conceito de *personificação* proposto por Jung. Cf. HILLMAN, J. *Re-vendo a psicologia*, Editora Vozes. Também em seu livro *Healing Fiction*, Hillman propõe que o método terapêutico junguiano é baseado em encontro criativo com personagens simbólicos, os daimons de cada um (cf. o capítulo: "The pandaemonium of images: Jung's contribution to Know Thyself").

princípio guia central do livro, o sábio gnóstico Filêmon, que centraliza as personificações do *Arquétipo do Velho Sábio*, o princípio da reflexão, o motivo orientador da consciência[114]. À medida que essas personificações ocorrem, a dialética do ego com elas se torna mais intensa, mais se torna possível uma *apropriação de energia* (mas não uma *identificação*, o que é radicalmente diferente) desses conteúdos. Isso propicia, em última instância, uma transformação da personalidade consciente.

Observando com atenção as colocações contidas em *A função transcendente* podemos perceber sugestões de abordagens terapêuticas baseadas inteiramente na experiência pessoal do autor. Quando Jung menciona que a função transcendente é a função psicológica que *aproxima os aspectos conceitual e o estético da psique*[115], ele afirma algo que considero central em psicoterapia. Essa descoberta essencial é a base teórica que fundamenta a grande valorização que as técnicas expressivas adquiriram em terapia junguiana.

Por esse importante *insight* de que a vida psíquica se desdobra em dois aspectos fundamentais, um conceitual, outro estético, Jung abriu um caminho fundamental de reflexão teórica com grande importância clínica. Na verdade, o símbolo psicológico tem um conteúdo predominantemente *estético* sob a forma de imagem, além de um núcleo *conceitual*, uma polissemia de sentidos. Quando, no *Liber Novus*, o autor lança mão de uma linguagem estética, imagética, por meio de personagens, símbolos, experiências, além de diversas expressões plásticas para expandir uma série de conceitos teóricos, ele está fundamentando uma abordagem terapêutica na qual a categoria estética da representação ocupará um lugar importante.

---

114. A gradual personificação do arquétipo do espírito no *Liber Novus* é discutida em maior detalhe no cap. 10, "Filêmon".

115. Cf. a função transcendente como a junção de aspectos conceituais e estéticos da psique em JUNG, C.G. *A função transcendente*, § 173-177.

Os quatro verbos

A confrontação com as imagens interiores se processa de acordo com os quatro verbos, ou estágios, segundo a elaboração de Jung:

1) *Esvaziar*: a mente é esvaziada dos conteúdos do cotidiano para que novas imagens possam surgir de forma espontânea a partir do inconsciente.

2) *Deixar* acontecer: há uma suspensão da interferência da consciência nas imagens, que seguem seu próprio curso. Livres, apresentam seu próprio discurso, independente da mente consciente.

3) *Engravidar*: deixando-se o espaço psicológico adequado para as imagens, elas crescem, adquirem densidade e ocupam espaço significativo na mente consciente.

4) *Confrontar* eticamente: só agora a mente consciente atua, tomando uma posição ética em relação *ao outro* do inconsciente. Esse último passo é necessário e fundamental, caso contrário podem ocorrer estados de possessão e identificação com as imagens internas[116].

Jung denominou esse processo de confrontação com as imagens internas, processo essencial na elaboração do *Livro Vermelho*, de *imaginação ativa*.

Possibilidades de integração do símbolo

Tratando das relações do sujeito com as imagens psíquicas durante o processo de imaginação ativa, Jung distingue ainda quatro tipos distintos de pessoas, dependendo da maneira que se relacionam com as imagens inconscientes: os tipos *visualmente dotados*, os

---

116. Para os verbos do processo da imaginação ativa, cf. HUBERT, E. *Jung*. Summus, p. 19ss. Hubert sugere apenas os três últimos verbos. Estou sugerindo um primeiro, "esvaziar", na maioria das vezes necessário para o processo.

audioverbais, os que "escutam" suas vozes interiores, aqueles cujas mãos são capazes de expressão dos conteúdos inconscientes e aqueles mais raros, aos quais denomino *sensório-motores*, capazes de expressar seu inconsciente pelos movimentos do corpo e pela dança. Um processo incomum de acesso ao inconsciente é ainda citado, o da *escritura automática*, através de uma escrita feita diretamente sobre a prancheta[117].

Como se vê, um leque bastante amplo de possibilidades da chamada confrontação com o inconsciente, possibilidades múltiplas e criativas que vêm se desenvolvendo de diversas maneiras em várias escolas de terapia atuais. Essas diversas maneiras de *andar em torno* das imagens psíquicas, de gradualmente integrá-las e processá-las no caminho pessoal de cada um, constituem um modelo novo de terapia, amplo e diversificado, revolucionário para a época que surgia (estamos em 1916!).

Vamos explorar cada uma dessas possibilidades com atenção. Em primeiro lugar, *os tipos visualmente dotados*: nessa abordagem é vital o respeito pela imagem, seu mistério intrínseco, sua categoria de desconhecida em princípio, pois se origina a partir do *totalmente outro* do inconsciente coletivo. A representação que se configura de forma espontânea a partir do inconsciente deve ser respeitada em seu caráter original e independente da vontade consciente. O sujeito de capacidade visual deverá aguardar a formação dessa imagem em seu psiquismo, depois anotar como ela lhe aparece sem interpretá-la; conceitos formulados a partir do ego nesse momento só servem para inibir a manifestação espontânea do conteúdo pessoal.

Já com *os tipos audioverbais*, uma categoria menos comum do que os visualmente dotados, o inconsciente se faz presente através de uma voz, uma frase, um comando aparentemente irracional. Jung lembra[118] as conhecidas *vozes* que ocorrem com frequência nos transtornos

---

117. JUNG, C.G. *A função transcendente*. OC vol. 8, § 170-171.
118. Ibid., §. 171.

mentais graves, os chamados *fonemas*, considerados pela psiquiatria tradicional como fenômenos típicos da psicose. A diferença fundamental entre a psicose e o confronto criativo com o inconsciente é a *literalização*, i.e, a forma concreta que o doente mental dá à voz ouvida, *tomando-a como um comando final a ser obedecido a todo preço*. Já na atitude simbólica aqui proposta a voz é tida sempre como um *símbolo*, o conteúdo do que é dito simboliza sempre algo diferente, algo mais complexo, cujo sentido não é alcançado de imediato; o conteúdo simbólico da mensagem desde o princípio torna-se um mistério a ser gradualmente assimilado.

A *experiência audioverbal* em Jung aparece claramente durante a escrita do *Livro Negro* 2. Ao anotar suas experiências, Jung relata ter ouvido claramente a voz de uma mulher que diz: *O que você faz não é ciência, é arte*. Jung relata ter ficado intensamente preocupado com o que a voz lhe diz. Quer a todo preço manter a integridade científica de seu método, e por fim encontra uma resposta intuitiva ao que a voz afirma, respondendo à voz: *não, o que faço é natureza*[119].

Nessa imaginação ativa de Jung, percebemos a maneira de relacionamento com os conteúdos inconscientes tomados com seriedade. Encontramos no desafio da voz feminina a necessidade interna da criação de um método novo que concilie os aspectos *conceitual* (ciência) e *estético* (arte). O *insight* criativo que Jung tem com o conceito de *função transcendente* é a busca de conciliação desses aspectos[120], assim como toda a organização do *Liber Novus* é uma conciliação dos aspectos conceituais e estéticos da psique.

---

119. O relato do diálogo com a voz de mulher está em MSR, p. 221.

120. A oposição arte/ciência tem validade apenas para as chamadas ciências da natureza: Biologia, Física, Química. A psicologia analítica e a psicanálise *não são ciência*, apesar das afirmações repetidas nesse sentido de seus fundadores, Freud e Jung. São antes *saberes* do novo paradigma emergente. As ciências, em sentido estrito, dizem respeito a tudo que pode ser testado em laboratório e está sujeito a repetitividade, hipótese e prognóstico. A chamada *psicologia profunda* de Freud e Jung, que trabalha com o inconsciente, não pode ser incluída nessa categoria. A dicotomia arte/ciência foi relativizada pela noção de transição dos paradigmas de Thomas Khun (cf. KHUN, T. *A estrutura das revoluções científicas*).

O indivíduo *com capacidade de expressão plástica* é mais frequente do que se pode imaginar a princípio. Provavelmente por influência cultural ou pressões familiares as pessoas tendem muitas vezes a deixar de lado uma capacidade artística genuína. Jung valorizou bastante essa forma de expressão pessoal talvez porque em sua própria vida, desde sua infância, suas mãos desempenharam papel fundamental na expressão de suas fantasias. É verdade que com toda criança de certa forma sucede isso, o seu brincar é sempre mais corporal e mais plástico do que o do adulto em geral. O artista plástico constitui importante exceção a essa regra, trazendo para a vida adulta seu contato com a *criança polimorfo-criativa*[121]. A criança expressa suas fantasias pelas mãos, através de uma *bricolage*[122] que parece não ter fim e por desenhos e jogos de muitas formas. Mas as brincadeiras que Jung teve em tempos de criança, seu bonequinho que esculpiu em seu estojo de colégio e com quem conversava em fantasia infantil, tudo isso teve continuidade em suas esculturas, desenhos e pinturas de período adulto. Durante sua estadia em Paris em 1901 e 1902 Jung fez mesmo algumas tentativas como pintor, tendo feito pinturas de paisagens diversas bastante expressivas[123]. As pinturas do *Liber Novus* mostram essa integração contínua do verbal e do não verbal. Não é de se surpreender, portanto, a *ênfase estética* que Jung procurou dar à sua abordagem terapêutica. Sem dúvida, ele foi um dos grandes pioneiros das estratégias não verbais em psicoterapia.

121. *Criança polimorfo-criativa*: termo de James Hillman contrapondo-se ao termo de Freud criança *polimorfo-perversa*. Hillman está se referindo aos potenciais de criatividade da criança, que a tornam um importante símbolo do si-mesmo. Cf. HILLMAN. "The nostalgia of the puer aeternus". *Loose ends.*

122. *Bricolage*: palavra francesa intraduzível, que tem o sentido do trabalho automático com as mãos, sem um fim específico, mas com grande capacidade expressiva. É um brincar com as mãos, um devaneio manual.

123. Cf. algumas pinturas figurativas feitas por Jung no período de 1901-1902 em Paris em JAFFÉ, A. *C.G. Jung: Word and Image.*

Quando enfatizamos o papel pioneiro de Jung nas estratégias terapêuticas expressivas naturalmente não estamos afirmando que ele tenha sido o único a desempenhar esse papel. Outros colaboraram também de forma decisiva com o desenvolvimento de uma perspectiva estética em terapia, como a arteterapeuta Margareth Naumburg, o psicanalista Ernst Kris, entre outros. Entre os junguianos, a suíça Dora Kalff é uma importante continuadora do método estético em terapia, com sua técnica da terapia da caixa de areia[124]. No Brasil, Nise da Silveira teve uma contribuição original e decisiva no emprego do método estético com psicóticos em grandes hospitais. Esses são apenas alguns exemplos das técnicas não verbais largamente empregadas por diversos terapeutas junguianos.

Entre os caminhos não verbais, o modo *sensório-motor* de imaginação ativa tem sido mais explorado em tempos recentes. O gesto e o movimento seriam formas de expressar processos internos. Chodorow[125] menciona o fato de que, pelo menos em uma situação conhecida, Jung utilizou o método de imaginação ativa pelo movimento expressivo: uma paciente sua, tendo iniciado o desenho de um mandala, foi recomendada por Jung que dançasse o mandala, completando assim a figura. O emprego do movimento em terapia junguiana tem uma história conhecida: Mary Whitehouse, tendo feito formação em dança, procurou depois o Instituto C.G. Jung de Zurique e diplomou-se como analista junguiana. Procurou depois integrar o movimento expressivo com a análise junguiana e criou a abordagem em terapia pelo movimento denominado *Movimento Autêntico*. Joan Chodorow e Janet Adler

---

124. É significativo que Dora Kalff afirme que na elaboração da técnica do jogo de areia baseou-se nos jogos com miniaturas e areia que Jung fazia às margens do Lago de Zurique durante seu período de confrontação com o inconsciente.

125. Cf. CHODOROW, J. "Dance and body movement in therapy". In: STEIN, M. (org.). *The body in analysis*, p. 89.

são figuras importantes no desenvolvimento da *Escola do Movimento Autêntico*. Essa terapia emprega um tipo de imaginação ativa em que os conteúdos inconscientes se expressam diretamente pelo movimento, i.e., o corpo e seus gestos são o meio espontâneo pelo qual os símbolos tomam lugar em terapia[126].

As contribuições de Jung com propostas novas para a psicoterapia a partir do *Livro Vermelho* estão mais no domínio da chamada imaginação ativa e das técnicas expressivas. É o processo que chamamos no capítulo 5 de *cura pela não fala...* (em contraposição à metáfora de Anna O. de *cura pela fala*). Esses caminhos criativos contribuem para liberar a análise de uma forma clássica de abordagem, que, embora útil em certos casos, vem perdendo terreno para formas menos rígidas, mais criativas e flexíveis e que ao mesmo tempo não percam em consistência; abordagens que possam responder melhor ao homem contemporâneo, que vivencia um tempo mais rápido e com demandas mais urgentes. As questões financeiras, o tempo agitado, as múltiplas comunicações pela internet deixaram para trás modelos rígidos de cinco consultas por semana ao divã.

Transferência e imaginação ativa

O processo descrito por Freud ao qual ele chamou *transferência*[127] é o fenômeno pelo qual elementos da infância, expectativas, vivências as mais diversas, são projetados na figura do analista. O *setting* terapêutico adquire assim uma qualidade de reedição de situações anteriores recalcadas no inconsciente. Esse processo básico é muito importante, central mesmo em qualquer processo terapêutico. Por ele o paciente reedita de forma não planejada

---

126. Cf. Ibid. *Dance therapy and deph psychology: the moving imagination.* Joan Chodorow, 2008.

127. Transferência, do alemão *übertragung: transportar, levar, de um lugar para outro.*

questões essenciais suas que traz no inconsciente, podendo assim resolvê-las, na medida do possível, a partir de um trabalho analítico cuidadoso de base interpretativa.

A análise junguiana concebe a transferência de forma própria. Se por um lado ela tem aspectos pessoais, de vivências infantis não integradas, também podemos perceber que a transferência é um importante veículo de experiências arquetípicas do inconsciente coletivo dentro de um processo de individuação. Além disso, embora sempre se tenha a maior atenção aos processos transferenciais e contratransferenciais em terapia, não se pode esquecer que processos de relação humana também ocorrem *pari passu* ao processo transferencial. O cliente como pessoa ali está presente, a pessoa do terapeuta também, com seus valores, memórias, preferências. É importante reconhecer que esses processos existem, sem permitir, entretanto, que o processo analítico seja prejudicado por eles. Jung enfatizou que, se o analista não gostar pelo menos de um aspecto de seu cliente, ele será incapaz de tratar dele. O analista junguiano Mario Jacoby aprofundou essas questões em sua obra *O encontro analítico*[128].

O *Liber Novus* fundamenta toda a construção teórica de Jung sobre o processo de individuação e seus estágios fundamentais. Os diversos personagens emergentes nos diversos encontros imaginários do *Liber Novus* levaram Jung a sistematizar um processo de desenvolvimento da personalidade baseado na dialética com figuras internas às quais denominou *persona, sombra, anima, animus, personalidade-mana e si-mesmo*. Esses estágios foram elaborados ao final do período chamado *confrontação com o inconsciente* na obra *O eu e o inconsciente*[129]. Esses diversos personagens, representando momentos específicos do processo, também irão aparecer na

---

128. JACOBY, M. *O encontro analítico*. Vozes, 2011.

129. JUNG, C.G. *O eu e o inconsciente*. OC, vol. 7/2.

transferência, dando a ela um colorido especial. O *setting* terapêutico pode assim ser visto como um vaso terapêutico que contém as imagens de transformação do processo psicológico, onde cada um de nossos pacientes escreve seu próprio *Livro Vermelho*.

Vamos citar um exemplo clínico para entendermos bem como se dá uma configuração arquetípica na transferência[130]. Certa paciente telefonou-me indicada por um colega. Essa paciente nunca teve nenhum contato comigo anteriormente. Como não tive hora para atendê-la imediatamente, a paciente teve que aguardar uma semana para realizar sua primeira consulta. No intervalo de tempo entre o telefonema onde marcamos a entrevista inicial e o primeiro encontro, ela teve um sonho que procurou logo me relatar:

> Eu estava em um campo aberto, desconhecido. Descobri uma depressão, entrei por uma ampla caverna. Movida por grande curiosidade, passei a explorar o interior da caverna, que se desdobrava como se fosse um grande labirinto. No centro do grande labirinto está um senhor idoso, calvo, cercado por um grupo de pessoas. Eu penso: "é o meu analista". E aguardo pela minha vez de ser atendida.

Esse é um sonho que Jung denominou o *sonho inicial* de uma análise, que teria um curioso sentido prognóstico para todo o processo que viria a seguir. Em nossa opinião, esse aspecto antecipatório talvez se deva a estar o *setting* terapêutico virgem de projeções e resistências de parte a parte (do cliente e do analista, pois esse último também transfere, é claro, e tem suas resistências inconscientes ao paciente). Nessas condições o inconsciente aparece de forma cristalina e certos aspectos antecipatórios de seus símbolos se fazem sentir. O inconsciente é atemporal, daí poder apresentar aspectos antecipatórios do processo terapêutico em certas situações.

---

130. Os casos clínicos citados foram tratados no meu livro: *A mitopoese da psique*, no capítulo "Mitos e arquétipos do masculino".

O sonho contém aspectos arquetípicos, a gruta em formato de labirinto (elemento presente nas antigas iniciações e símbolo do inconsciente) e o símbolo que mais nos interessa aqui, o *Arquétipo do Velho Sábio*. O analista aparece como Velho Sábio, cercado por seguidores ou pacientes e a cliente tem que pacientemente aguardar por sua vez. Trata-se de uma *transferência de idealização*, pois o analista (na época uma pessoa absolutamente desconhecida para a paciente) aparece cercado de *mana (força misteriosa)* e de poder. Essa forte transferência de idealização tem aspectos positivos e negativos para o processo. É positiva, pois mostra um grande investimento emocional da paciente, sua atitude no sonho ao explorar o labirinto (seu próprio inconsciente) com atenção também revela sua abertura e interesse no processo analítico. Ela demonstra também uma grande confiança no analista e no processo que se inicia. Mas o aspecto negativo seria o analista ficar imbuído de que ele *é* o Velho Sábio e detém todo o poder de cura e transformação. Esse tipo de projeção da imagem arquetípica leva aos problemas de onipotência do analista (que se sente o senhor absoluto da cura, com poderes mágicos que lhe são atribuídos por seus pacientes) e de infantilização dos pacientes, com grande dependência. São as conhecidas *análises intermináveis*, nas quais o paciente é incapaz de contatar a imagem do Velho Sábio dentro de si. Sim, porque o Velho Sábio, sendo um arquétipo do inconsciente coletivo, não é posse exclusiva do analista, sendo um aspecto inconsciente do próprio paciente que ele precisa resgatar. Na verdade *ele representa o poder de reflexão*[131], a capacidade de encontrar saídas criativas para os problemas existenciais.

Os temas arquetípicos mitológicos dessa fantasia transferencial constituem elementos importantes também nas fantasias de

---

131. Refletir, do latim: *reflectere*: "inclinar-se para trás".

Jung durante a escrita do *Liber Novus*: o tema da descida (no capítulo "Descida ao inferno do futuro", do *Liber Primus*) e o encontro com o Arquétipo do Velho Sábio (Elias e, posteriormente, Filêmon). Essas fantasias organizaram o construto teórico do processo de individuação que reaparece também na terapia, no material simbólico expressivo e na transferência.

Ainda com relação ao Arquétipo do Velho Sábio: tenho observado a frequente aparição desse arquétipo nos inícios do processo terapêutico em sonhos e fantasias transferenciais. Um outro exemplo, além do já citado: em um sonho inicial uma paciente se vê caminhando no Bairro de Ipanema, quando na janela de um dos prédios vê um velho que a observa; ele tem uma fisionomia venerável, lembra seu avô, uma personalidade dominante na família, querido e respeitado; ao mesmo tempo, o velho lembra-lhe vagamente a mim. Nesse exemplo, há também o elemento transferencial. Por que essa frequente aparição da imagem do Velho Sábio nos inícios da terapia? Não seria de se esperar que esse arquétipo, estando intimamente ligado ao si-mesmo, se manifestaria de forma preponderante em fases adiantadas da análise? Minha hipótese é de que os pacientes ao procurarem a terapia estão mergulhados na *compulsão de repetição*, como a chamou Freud, a essência da neurose. Nesse momento *refletem*, pensam sobre sua vida e a necessidade de mudá-la procurando ajuda: nesse momento o paciente está sob a influência inconsciente do Arquétipo do Velho Sábio, o princípio da reflexão. Daí sua frequente manifestação em sonhos e fantasias.

Um outro aspecto desse arquétipo (e essa é uma noção válida para todos os arquétipos) é que ele não se situa em um empíreo transcendente fora da experiência cotidiana. Se considerarmos a vida da maioria das famílias, vamos observar a existência de figuras marcantes que organizam o todo da família, pessoas que servem de exemplo sendo admiradas e reverenciadas, geralmente uma figura de avô ou avó que deixou sua marca significativa na estória das pessoas do grupo. Quando uma dessas pessoas falece, a ausência de sua força *numinosa*, catalisadora de Velho Sábio ou Velha Sábia, se faz sentir: a macrofamília se desestrutura, divórcios e outras mudanças radicais se fazem sentir. A coesão de todo o grupo fica ameaçada; o poder integrador do símbolo deixou de atuar no inconsciente familiar.

O caminho clínico e o caminho simbólico

Estamos citando esses recortes clínicos porque julgamos que trazem um elemento importante: a junção e interdependência da análise da transferência e a análise das figuras arquetípicas. No passado criou-se uma falsa dicotomia entre o método simbólico e o método clínico, ocorrendo pensamentos como esse: "os junguianos interpretam sonhos e símbolos, os freudianos se interessam mais pela transferência". Uma visão bastante equivocada, felizmente já superada. O simbólico e o clínico caminham juntos, as figuras arquetípicas do processo de individuação se constelam em um contexto clínico dado.

As experiências pessoais de Jung durante a escrita do *Liber Novus* levaram-no a ter uma abordagem profundamente pessoal do processo terapêutico, evitando fórmulas, teorias rígidas e normas gerais aplicáveis a todos os casos. Essa perspectiva muito pessoal já levara Jung a sugerir a Freud a obrigatoriedade da análise didática para os candidatos a analista: só pode ser analista aquele que confrontou seu próprio inconsciente. Também lembrou que o analista só pode levar um analisando até onde ele mesmo caminhou! Uma afirmação bem distante da clássica visão do analista distante, não envolvido com o *opus* (trabalho) de seu cliente. Cada análise é um novo desafio. Não há aqui nenhuma *monotonia da interpretação*, desde que as teorias gerais tenham validade apenas relativa. Com sua intensa vivência de seu próprio inconsciente expresso em seu *Livro Vermelho*, Jung agora nos convida a escrever nosso próprio *Livro Vermelho*, a confrontar nossas próprias imagens.

8
O LEGADO DOS MORTOS

Essas figuras são os mortos, não só os teus mortos, isto é, todas as imagens de tua conformação passada, que deixou para trás de si tua vida progressiva, mas as massas dos mortos da história humana, o cortejo de fantasmas do passado, que é um mar em vista da gota de tua própria duração de vida" (*Liber Secundus*, "Nox Secunda").

Imortais mortais, mortais imortais. A vida desses é a morte daqueles e a vida daqueles, a morte desses (Heráclito de Éfeso. *O obscuro*, fragmento 62[132].

Em várias partes do *Livro Vermelho* os mortos aparecem sob diversas formas, sempre em diálogo imaginativo com Jung. Um exemplo é a alma de uma mulher que procura ansiosamente por um talismã que resolverá suas interrogações. Jung reconhece nela uma antiga paciente falecida. Há outros exemplos, como no intrigante capítulo XIII do *Liber Secundus*, "O assassinato sacrificial", no qual Jung se defronta com uma criança morta e dialoga com sua alma, que exige dele uma tarefa quase impossível. Outra situação importante de confrontação com os mortos ocorre no ca-

---

132. Cf. BORNHEIM, G. *Os filósofos pré-socráticos*.

pítulo XV do *Liber secundus*, "*Nox secunda*", já por nós discutido no capítulo 6. Após obter de um bibliotecário o pequeno livro *A imitação de Cristo* do monge beneditino Tomás de Kempis, Jung aguarda na antessala da biblioteca. Escuta um rumor de vozes e vultos que passam. Distingue um homem que o encara com olhos fatigados. Esse homem revela seu nome, "Ezequiel", declara ainda ser um anabatista[133] e diz estar partindo, juntamente com a multidão que o acompanha, em busca de revelações e verdades em Jerusalém. Jung demonstra interesse de ir junto procurar as verdades e Ezequiel responde que ele não pode acompanhá-los, *por ter ainda um corpo*. E declara: "nós somos os mortos"[134].

Entre todas as aparições e interferências dos mortos no *Livro Vermelho*, a principal delas ocorre na terceira parte do livro, *Aprofundamentos*, quando Filêmon profere os conhecidos *Sete sermões aos mortos (Septem Sermones ad Mortuos)*. Hordas de mortos que vieram de Jerusalém e, segundo dizem, "não obtiveram o que queriam", são como que doutrinados por Filêmon sobre a natureza de Deus, do homem e do destino. Discutiremos abaixo esses sermões gnósticos. Essa horda de mortos se manifestou durante o período que Jung chamou de *confrontação com o inconsciente* através de uma série de fenômenos parapsicológicos que ocorreram em sua casa[135]. Neste capítulo tentaremos abordar as possíveis razões da intensa presença dos mortos no *Livro Vermelho* e qual a função deles nessa obra e vida de Jung.

O culto ao ancestral e as origens da religião

Os mortos foram sempre cercados dos mais rigorosos tabus e rituais. Esses rituais visam separar com símbolos eficazes a região

---

133. Seita protestante do início do século XVI que criticava o batismo de crianças e defendia o batismo somente em idade adulta.

134. *Liber Secundus*, cap. XV, p. 294.

135. MSR, p. 236ss.

dos vivos da dos mortos. Os rituais propiciatórios persistem na cultura contemporânea em diversas cerimônias, como a missa de sétimo dia no catolicismo e a descoberta da Matzeiva entre os judeus. Ainda entre os judeus há o costume tradicional de cobrir espelhos durante certo tempo para se evitar que o morto fique preso à sua imagem e permaneça entre os vivos[136]. Mas desde a origem da cultura o medo pelo retorno dos mortos, os chamados *revenants*, os que retornam, tornou-se motivo dos mais diversos rituais propiciatórios. Em antropologia e nos estudos de religiões comparadas esses rituais são considerados como sendo a própria origem da religião e da crença na vida *post-mortem* desde períodos primevos da vida cultural[137]. Os primeiros rituais já aparecem em sepultamentos de Neandertais, nos quais o morto era sepultado em posição fetal visando um possível renascimento em outra vida. Sacrifícios animais nesses túmulos também parecem indicar o nascimento da religião e da mitologia associado ao culto aos mortos[138]. Se esses rituais encerram um medo da invasão do espírito desconhecido, encerram também uma veneração, um respeito religioso, a noção de que os mortos trazem valores importantes e protegem a vida cultural e a sociedade dos vivos. Na Grécia Clássica, o chamado *culto ao ancestral* é a origem do culto ao herói, o herói protetor na

---

136. Há diversos rituais de culto ao recém-falecido específicos de diversas comunidades no Brasil. Em Santa Rosa e diversas pequenas comunidades do Rio Grande do Sul e no Paraná realiza-se um curioso ritual chamado "cobertura da alma". Ao falecer alguém, uma roupa sua deve ser dada a pessoa de boa índole, para que a alma entre bem-vestida no céu. A explicação que é dada para o ritual é que as roupas do morto ficaram com ele na tumba e ele precisa de outra para entrar no céu. A pessoa que passa a usar a roupa fica próxima à família, sendo quase um representante do falecido. No caso de crianças, torna-se um afilhado da família. Para os diversos rituais ao recém-falecido no Brasil, cf. CÂMARA CASCUDO, L. *Dicionário do Folclore Brasileiro*, s.v. "alma".

137. Sobre o culto aos mortos, cf., entre outros: ELIADE, M. *História das ideias e crenças religiosas*. Vol. I, p. 26ss.

138. ARMSTRONG, K. *A short story of myth*, p. 1ss.

verdade é um morto ilustre do passado divinizado, tornando-se entidade protetora da cidade[139].

Possíveis leituras simbólicas para os mortos

Os mortos são uma chave importante para a compreensão do *Liber Novus*, talvez uma das mais importantes. Há mesmo a ideia que *eles precisam ser salvos*, há algo a fazer em um trabalho de integração dessa energia do inconsciente coletivo que se manifesta pelas pessoas falecidas:

> A multidão dos mortos não salvos tornou-se maior do que o número dos cristãos vivos, por isso é tempo que nós intervenhamos a favor dos mortos[140].

O encontro com um grupo de mortos em vozerio e ruído "como o bater de asas de muitos pássaros" irá se repetir de forma marcante na terceira parte do livro, "Aprofundamentos", quando Filêmon toma a palavra e profere os enigmáticos *Sete sermões aos mortos*. Trata-se aqui de uma culminância do *Liber Novus*. É um trabalho de doutrinamento e resgate. Se Ezequiel, o anabatista, antes declarara que ele e a multidão de mortos iam a Jerusalém visitar o mais sagrado dos túmulos, agora é declarado pelos mortos que voltavam de Jerusalém *onde não encontraram o que procuravam*. No início dos *Sermões* uma multidão de mortos se aproxima de Jung em grande vozerio e agitação. Os Sete sermões são proferidos aos mortos, que fazem perguntas a Filêmon, o qual, por sua vez, responde formulando parábolas gnósticas. Após cada sermão, os mortos se agitam ou se calam, reagindo de forma diferente a cada sermão. Parece que todo o sábio discurso de Filêmon visa satisfazer aos mortos em sua busca de conhecimento sobre os misté-

---

139. Sobre o culto ao ancestral na Grécia, cf. BRANDÃO, J.S. *Mitologia grega*. Vol. III, p. 16ss.

140. *Liber Novus*, cap. XV, "*Nox secunda*", p. 297.

rios da vida, de Deus, do homem e de seu próprio destino. Esse é realmente um profundo mistério. Qual o significado dessa quase onipresença dos mortos no *Livro Vermelho*?

Uma explicação que se procura dar é que os mortos *somos nós mesmos*, nós que não encontramos resposta nas religiões instituídas e necessitamos algo novo, algo experiencial, *gnóstico* (a ser obtido pela *gnose*, no sentido de conhecimento), uma *verdade viva e nova* (lembrar o nome *Liber Novus*!), uma verdade que volte a fazer sentido para nossas almas e que não tenha sofrido o desgaste das convenções do ritual automático[141]. As clássicas verdades vindas de Jerusalém (o mito judaico-cristão), desgastadas pelos milênios, já não podem nos satisfazer mais.

A interpretação simbólica que Jung dá aos mortos, em geral, é de algo em nós que não foi redimido e volta, necessitando um caminho, uma resposta, uma redenção. Ou seja, os mortos são conteúdos da sombra psicológica que voltam pedindo integração pela consciência. Partes desvitalizadas da psique, esquecidas, adormecidas no tempo do passado, o que é próprio dos conteúdos desprezados ou recalcados[142].

Outra abordagem parte de pressupostos históricos. A época do *Liber Novus* é também a época da primeira grande guerra, da grande crise europeia na qual centenas de milhares de jovens são enviados para morrer em campos de batalha. O inimaginável número de mortos em toda Europa invade o imaginário coletivo. A questão da crueldade da morte e do destino dos mortos está muito presente em todos, inclusive em Jung[143].

---

141. Murray Stein fornece essa interpretação sobre os mortos em curso no vídeo da Ashville Center: *The Red Book of C.G. Jung* (2 DVDs).

142. MSR, capítulo "Sobre a vida após a morte", p. 347.

143. Cf. Murray Stein no vídeo citado.

A questão dos mortos na vida e obra de Jung

Todas essas abordagens são de certa forma convincentes. Mas serão elas abrangentes o suficiente? Não podemos nos esquecer de que os mortos, concretamente, interessaram Jung desde sua mais tenra infância, segundo está registrado em MSR. Uma das primeiras memórias de Jung é de quando ainda muito criança, tendo em torno de quatro anos, ouve ruídos de grande agitação em sua casa. É que tinha sido achado um cadáver no Rio Reno. O morto foi colocado no fundo da casa, na lavanderia. Jung, tomado de irresistível curiosidade infantil, esgueira-se pelas janelas do fundo da casa para observar escondido o cadáver. O filete de sangue pelo chão desperta nele enorme curiosidade[144].

Parece que os mortos sempre tiveram importância maior para Jung muito antes da escrita do *Liber Novus*, isto é, eles são parte de seu mito pessoal, do seu processo de individuação. É sabido que os ancestrais de Jung por parte materna sempre tiveram grande intimidade com as manifestações espiritualistas. Samuel Preiswerk, o avô materno de Jung, tinha visões e via os mortos que interferiam na preparação de seus sermões como pastor. A prima materna de Jung realizava sessões mediúnicas que, como é sabido, foram estudadas por ele para a formulação de sua tese de doutoramento em medicina. Os diversos espíritos que se manifestavam em Hélène Preiswerk foram desconstruídos por Jung como sendo fragmentos psicológicos dela, uma clara demonstração da capacidade espontânea de dissociabilidade da psique[145].

As pesquisas de Jung desses fenômenos foram feitas de forma rigorosamente empírica, ao ponto de serem publicadas sob

---

144. MSR, p. 36.

145. Cf. a tese de doutoramento de Jung: *Sobre a psicologia e psicopatologia dos assim chamados fenômenos ocultos.* OC, vol. 1.

a forma de tese de doutoramento na Universidade da Basileia. Os conceitos de dissociabilidade da psique e autonomia de fragmentos psíquicos foram desenvolvidos nessas pesquisas e se tornaram fundamentais para a formulação ulterior da Teoria dos Complexos. Os chamados *espíritos dos mortos* foram vistos aqui como complexos psíquicos autônomos da médium, partes parciais da sua psique não integradas à consciência. Temos também presente a ideia de que esses fragmentos psicológicos possam ser personificados. As almas parciais, ou complexos, apareciam nessas seções de forma autônoma, totalmente independente do controle do ego sendo ainda personificados. Um dos numerosos espíritos manifestos nessas sessões dava-se o nome de Ivènes, aparentava ter maior maturidade, tendo ainda a função de dar conselhos às pessoas. *Jung interpreta esse espírito como sendo uma parte mais madura ou desenvolvida da personalidade não integrada ao seu consciente*[146]. Temos aqui, numa casca de noz, as noções do si-mesmo e de individuação desenvolvidas por Jung mais tarde em sua obra criativa. O si-mesmo aqui já aparece como um potencial no inconsciente a ser integrado pela mente consciente. Portanto, em sua tese de doutoramento, o interesse em Jung pela relação dos mortos com os vivos já serve de ponto de partida para a elaboração de conceitos fundamentais de sua psicologia. Posteriormente, após descobrir que sua prima teria sido descoberta trapaceando, Jung ficou desapontado, mas sempre manteve um interesse vivo na questão da vida após a morte[147].

---

146. Cf. ibid., § 114ss.

147. SHAMDASANI, S. *The boundless expanse: Jung's reflection on death and life*. Conferência na Jungian Psychoanalytical Association. Nova York, 2007. A expressão em inglês *boundless expanse* quer dizer, em tradução livre, *a amplitude ilimitada*. É uma referência a como Jung se refere à experiência do *post-mortem* no § 45 do livro *Arquétipos do inconsciente coletivo*. OC, vol. 9/I.

Da Índia ao Planeta Marte

Shamdasani se deteve na relação de Jung com o problema da vida após a morte em conferência no *Jungian Psychoanalytical Association* em Nova York[148]. Shamdasani pôde detectar preocupações de Jung com o tema desde seus tempos como estudante universitário no Clube de estudantes Zofíngia[149]. Nessa época, em idade precoce, já se referia à questão da sobrevivência da alma à morte do corpo usando uma reflexão kantiana. Como o tempo e o espaço seriam categorias mentais de percepção, construtos para percepção do mundo, a alma em si não está sujeita a eles e pode assim sobreviver após a morte. Após as pesquisas com sua prima, Jung manteve um vivo interesse em fenômenos mediúnicos.

Jung chegou a fazer pesquisas sistemáticas em cinco médiuns, sob o ponto de vista psicológico, segundo ele próprio relatou. Aliás, nos inícios do século XX, a pesquisa de psicólogos e psiquiatras com médiuns foi um fato bem repetido; diversos pioneiros fizeram investigações psicológicas com médiuns numa tentativa de estabelecer nexos causais significativos entre o inconsciente e a consciência, entre eles, Théodore Flournoy, Freud, Ferenczi, Bleuler, William James, Pierre Janet, além do próprio Jung[150].

Flournoy foi o mais importante investigador de médiuns. Seu trabalho com a médium Catherine Muller (que se tornou famosa com o nome de "Hélène Smith") foi recebido com entusiasmo quando publicado em 1900 com o título: *Da Índia ao Planeta Mar-*

---

148. SHAMDASANI, S. *The boundless expanse: Jung's reflection on death and life.*

149. Clube Zofíngia. Clube cultural de estudantes universitários em Zurique, que Jung frequentou quando estudante de medicina. Suas palestras nesse clube foram editadas no anexo A às OC: *The Zofingia Lectures.* Cf. nota 40, cap. 4.

150. Sobre as investigações com médiuns pelos fundadores da psicologia profunda, cf.: SHAMDASANI, S. *Encountering Hélène: Théodore Flournoy and the genesis of subliminal psychology.* Introdução ao livro de Théodore Flournoy, *From India to the Planet Mars [Da Índia ao Planeta Marte]*, onde Flournoy descreve suas revolucionárias experiências com a medium Hélène Smith.

te: um caso de sonambulismo com glossolalia[151]. O título se explica: Hélène afirmava ser a reencarnação de diversos espíritos, entre eles, uma princesa indiana do século XV e um habitante do Planeta Marte, cujos escritos com caracteres desconhecidos, semelhantes aos de um povo arcaico ainda não descoberto, Hélène era capaz de reproduzir. Posteriormente a vidente passou a pintar mediunicamente. Entre suas telas apareceram paisagens desconhecidas, belas e surpreendentes, que ela dizia serem paisagens marcianas que ela vislumbrara de forma mediúnica.

Flournoy fez estudos sistemáticos durante cinco anos sobre as manifestações mediúnicas de Hélène Smith e demonstrou pelo estudo detalhado dos conteúdos manifestados de que eles eram produtos de uma *atividade psíquica subliminar*, afastando a abordagem puramente literal do fenômeno espiritual.

Flournoy foi um dos mais importantes precursores da psicologia analítica e sua influência no pensamento de Jung (assim como a influência de Janet) não tem sido suficientemente valorizada. O livro de Flournoy é extensamente citado por Jung em *Símbolos da transformação* e a Teoria de Psiquismo Subliminar de Flournoy pode ser considerada um antecedente importante para a Teoria do Inconsciente Coletivo.

Sobre a vida depois da morte

Em MSR Jung dedica várias reflexões sobre a morte e os mortos na parte final do livro[152]. Escreve que não pode teorizar sobre a existência de uma vida após a morte ou sobre a sobrevivência dos mortos porque estava lidando com um conceito-limite. Sobre

---

151. O diagnóstico de sonambulismo ocupava papel importante nos estudos psicopatológicos da época para a explicação dos estados alterados de consciência. *Glossolalia* é um termo psiquiátrico que quer dizer: o falar em linguagem estranha, pouco habitual ao paciente.

152. No capítulo "Sobre a vida após a morte".

esse assunto só poderia *mitologizar*, contar estórias[153]. Mas a existência de sonhos com personagens que já faleceram fala que de alguma maneira a vida continua após a morte. Elabora então uma teoria de uma provável vida após a morte baseada no fato de que está demonstrado empiricamente que certa parte da psique, pelo menos, escapa às leis da causalidade espaço-tempo (um retorno kantiano às suas ideias apresentadas no Clube Zofíngia). Os diversos fenômenos sincronísticos estudados por Jung se situam nesta esfera de fenômenos.

Baseando-se também nas experiências que teve durante os anos de escrita do *Liber Novus*, procura demonstrar a continuidade da consciência além da vida consciente. Em um dos diversos relatos de experiências com pessoas já falecidas, Jung menciona em MSR uma estranha fantasia que teve da presença de um vizinho falecido no dia anterior. Com dificuldade em dormir, pensando na dolorosa perda do amigo, Jung relata ter sido tomado de mal-estar, como se algo real estivesse presente em seu quarto. Tentou, a princípio, afastar o pensamento. Depois, procurou valorizar a experiência sem julgamento de valor, ou sem julgar se era uma experiência verdadeira ou falsa. Apenas deixou o fluxo mental seguir um caminho próprio, permaneceu observando a estranha presença de seu falecido amigo. Na fantasia, acompanhou amigo que dirigia-se em trajeto para fora da casa de Jung, em direção a sua própria casa, bem próximo, a algumas centenas de metros. Esse entrou em sua casa, foi até sua biblioteca e acercou-se de sua estante. No andar alto da estante estava uma coleção de livros em vermelho de Émile Zola. O morto "indicou o segundo volume de uma série de cinco". No dia seguinte, devido à estranheza da experiência, Jung procurou a viúva de seu vizinho e pediu autoriza-

---

153. MSR, p. 347-348.

ção para visitar sua biblioteca. Verificou que realmente na estante superior existia a coleção de cinco livros em vermelho de Zola. O título do segundo livro dizia: *O legado de uma morta*[154].

É como se essa experiência carregada de sentido expressasse para Jung, de alguma forma, *que os mortos têm algo a dizer aos vivos, deixam com estes algum legado, uma tradição, um patrimônio genético, um legado espiritual pelo qual os vivos devem zelar.* Talvez seja essa profunda verdade que levou os gregos da época clássica a reverenciarem o antepassado ilustre como uma *personalidade mana*, transformando-o em uma figura de herói mítico, pois na verdade ele, o antepassado, é o responsável pela guarda de valores antigos preservados e transmitidos às novas gerações.

Na verdade os ancestrais trazem a vivência emocional das raízes básicas do homem, reforçam o sentido de identidade. *Os que retornam*, os espíritos ancestrais que voltam também trazem a seiva vital da tradição ordenadora dos povos. O culto aos ancestrais é tido mesmo na Grécia Clássica como a origem do próprio culto ao herói, que traz noção de identidade cultural e valores a serem preservados.

Já dizia Heráclito de Éfeso:

> Tornar-se úmidas, para as almas, é prazer ou morte. Nós vivemos a morte delas (das almas) e elas vivem a nossa morte[155].

Guardamos conosco o legado dos ancestrais, sua tradição, as sementes que plantaram através das gerações. Somos continuadores, guardiões e transformadores da semente ancestral.

Esse é o legado que os mortos, ações passadas, intenções, disposições, toda uma arquitetura mental são guardados no mito fa-

---

154. Ibid., p. 361-362.
155. Heráclito de Éfeso, fragmento 77. In: BORNHEIM, G. (org.). *Os filósofos pré-socráticos*, p. 40.

miliar ancestral. Esse legado aparece de forma mais visível no trabalho analítico com os pais, as lembranças de infância, os segredos, as vocações e fantasias parentais que atuam de forma invisível a partir do inconsciente e moldam nossa personalidade. Mas a análise da árvore ancestral nos coloca em estreito contato com disposições mais profundas que atravessam o tempo moldando destinos de gerações inteiras das famílias.

É surpreendente a abordagem de Jung sobre as relações dos vivos com os mortos em MSR. Há uma valorização do conhecimento dos vivos em relação aos mortos, uma ênfase na vida e na experiência temporal como o local *per se* do aprendizado e do crescimento pessoal. De sua particular inserção no tempo e espaço, os vivos derivam uma invejável possibilidade de desenvolvimento pessoal e aprendizado que os mortos não possuem, *simplesmente por estarem mergulhados no atemporal*. Jung deriva essas conclusões do próprio *Livro Vermelho* e de seu encontro com seus personagens internos atemporais, o velho Profeta Elias e a jovem cega Salomé. Jung ficou longo tempo sem ter contato com esses personagens e quando voltou a encontrá-los teve a estranha sensação que eles não tinham mudado muito, ou quase nada. A conclusão é que permaneceram nesse longo tempo mergulhados no atemporal arquetípico, sem contato com o tempo histórico dos vivos, ou da vida consciente, sem a possibilidade de aprendizado e transformação. Somente Jung, como ser vivo (consciente), poderia contribuir para retirá-los de seu estado inercial. Os personagens do *Liber Novus* aprendem, se desenvolvem e se conhecem através do contato com Jung, o homem temporal[156].

Essa compreensão do papel importante desempenhado pelos vivos em relação aos mortos teve origem em um sonho crucial de

---

156. Aprendizado de Salomé e Elias com Jung. In: MSR, p. 355.

Jung, relatado também em MSR. Os grandes sonhos desempe-
nham papel fundamental na vida de Jung em certos momen-
tos-chave. Esse é um desses sonhos, tendo acontecido durante um
passeio de bicicleta na cidade de Ascona, no norte da Itália. Jung
estava em companhia de um amigo e pernoitaram às margens do
Lago Maggiore. Tencionavam continuar o passeio por diversas cidades próximas ao lago antes de tomar o trem para Zurique. Foi
então que Jung teve um sonho fundamental:

> [...] eu me encontrava numa assembleia de ilustres es-
> píritos dos séculos passados e experimentava um senti-
> mento análogo ao que senti mais tarde em presença dos
> "ilustres ancestrais" que se encontravam na pedra negra
> de minha visão de 1944. Falava-se em latim. Um senhor,
> com uma longa cabeleira, dirigiu-me a palavra, colocan-
> do-me uma questão difícil; fui incapaz, ao despertar, de
> me recordar do seu conteúdo. Eu o compreendi, mas
> não tinha conhecimento o suficiente de latim para res-
> pondê-lo nessa língua. Fiquei de tal forma confuso, que
> a emoção me despertou[157].

Ao despertar, Jung relata ter começado a refletir sobre o livro
que preparava, *Metamorfoses e símbolos da libido*[158]. Sentiu sentimentos de inferioridade em relação à questão que não soubera responder. Decidiu não continuar seu passeio de bicicleta e retornou imediatamente a Zurique para continuar o trabalho que estava atrasa-
do. Só muito mais tarde entendeu completamente que o sonho do
velho de cabelos longos era um espírito ancestral. Os espíritos ancestrais interrogavam Jung para aprender o que não tinham podido
aprender em seu tempo. Era tarefa de Jung fornecer respostas aos
seus ancestrais, pois só ele, vivendo na tridimensionalidade do es-

---

157. MSR, p. 355-356.
158. Título na época para *Símbolos da transformação*. OC, vol. 5.

paço e com noção do tempo, poderia adquirir novos conhecimentos de forma clara e objetiva. Teria, portanto, uma função de instrução para aqueles que estavam no espaço arquetípico atemporal.

Essa visão positiva da consciência em relação ao inconsciente leva Jung a valorizar o homem ao extremo no drama existencial. As próprias relações do homem e Deus são afetadas por essa perspectiva de valorização do papel do homem, provavelmente derivada das experiências do *Livro Vermelho* e de sonhos fundamentais como o citado acima: *Deus necessita do homem, na mesma medida na qual o homem necessita de Deus*. O homem necessita de Deus para se tornar consciente, Deus se torna consciente através do homem[159]. Essa é a particular importância do homem como ser dotado de consciência individual e livre-arbítrio: Deus em sua universalidade necessita da particularidade do homem, com sua consciência reflexiva, para tornar-se consciente de si-próprio. Uma ideia bastante heterodoxa que nada tem a ver com uma visão mais tradicional cristã, sendo mais próxima de certas formulações gnósticas marginalizadas pela ortodoxia. Posteriormente Jung foi buscar apoio em sua percepção da importância do homem perante Deus em místicos medievais, citando, por exemplo, Ângelo Silésio:

> Oh Deus, se eu deixar de existir,
> Por um só momento,
> Tu também deixas de existir[160].

Sintetizando as ideias expostas acima: a multidão de mortos que povoa o *Liber Novus* vem dar continuidade a uma preocupação constante na vida de Jung desde a infância, um interrogar-se sobre a morte, transcendência e a sobrevivência da alma. No *Liber Novus*

---

159. Sobre as relações entre homem e Deus, cf. *Resposta a Jó*. OC, vol. 11/4, § 739ss.

160. Referência de Jung a Ângelo Silésio. In: *Interpretação psicológica do dogma da Trindade*. OC, vol. 11/2, § 282.

Jung procura apropriar-se da temática dos mortos, *dando a ela um sentido simbólico, além do concreto.* Essa é a questão fundamental. Os mortos passam a representar o não vivido, partes de nós mesmos que anseiam pela expressão consciente. Jung, em seus últimos anos, dá o sentido final à questão dos mortos, isto é, *aqueles que procuram um aprendizado com os vivos.* Inverte-se assim de forma radical o que tradicionalmente se espera dos mortos pelas religiões e pela tradição espiritualista, isto é, conhecimento e sabedoria superiores. Além disso, os mortos são guardiões do passado e do que nos é transmitido pelas gerações. São conhecimentos incompletos e cabe a nós a tarefa de dar continuidade ao contínuo processo de aprendizado e desenvolvimento das gerações e da cultura.

9
A BUSCA DO CENTRO PSICOLÓGICO

"O arquétipo constelado [...] representa um esquema de ordem [...] que é colocado sobre o caos psíquico [...] tudo o que estava se esparramando aleatoriamente é mantido unido, através do círculo, cuidadoso e protetor.
C.G. Jung[161]

Em 1918 Jung estava trabalhando como comandante da região inglesa dos internados de guerra em Chateau-d'Oex, na Suíça francesa. Por essa época desenhou sistematicamente diversas figuras em forma circular aos quais denominou *mandalas*, uma palavra sânscrita que quer dizer: *círculo mágico*. A psicologia do mandala veio a tornar-se uma das principais teorias da psicologia analítica. Jung narra em MSR que a princípio começou espontaneamente a desenhar círculos concêntricos mais ou menos simétricos e percebeu que o desenhar essas formas era uma maneira de objetivar conteúdos mentais de grande intensidade emocional[162]. Podia assim confrontá-los, entendê-los melhor, visto que estavam objetivados. Era também uma forma de desidentifi-

161. Cf. a citação em JUNG, C.G. *Um mito moderno – Sobre coisas vistas no céu*. OC 10, § 803.

162. MSR, p. 232ss.

car-se com esses conteúdos. Estava em curso nessa confrontação com essas formas circulares *o processo de imaginação ativa*[163]. Posteriormente Jung iria definir o mandala como um importante símbolo do si-mesmo. O si-mesmo, como centro e totalidade da psique, poderia se manifestar em sonhos e fantasias sob a forma de mandala, expressando sempre o caráter organizador e estruturante da totalidade.

Os mandalas nas diversas culturas

O mandala com sua forma circular e simétrica parece trazer uma pacificação da ansiedade emocional. Seu aspecto esferificado traduz esteticamente a ideia de completude, uma totalidade integrada e ao mesmo tempo *a ideia de um centro*, que, mesmo que não esteja nitidamente delimitado, está ao menos inferido. O mandala comunica a ideia de uma centralização harmoniosa da totalidade. Tem normalmente uma forma circular ou quadrangular, podendo conter diversas representações religiosas, aparecendo nas mais variadas culturas com objetivos religiosos ou terapêuticos. Os mais conhecidos mandalas são os das religiões orientais, no hinduísmo e no budismo tibetano. Cumprem nesse contexto uma função essencialmente de pacificação da mente, levando a estados de meditação profunda. A meditação nesses grupos religiosos é auxiliada por duas estratégias básicas de aprofundamento mental: os *mantras* e os *yantras*. Os primeiros são os sons mágicos que produzem estados mentais específicos. Os *yantras* são representações, figurações rituais que têm como finalidade a concentração da mente e o aprofundamento, facilitando a introspecção criativa.

---

163. Cf. o desenvolvimento da técnica da imaginação ativa por Jung no cap. 7: "Novos caminhos para a prática clínica junguiana".

Ilustração 5 Yantra Tibetano
Fonte: "O simbolismo do mandala". OC, vol. 9/1.

O monge oriental utiliza o *yantra* mandálico em suas meditações. Os mandalas dos budismos tibetano e chinês possuem
uma decoração complexa, representação de todo o cosmo. As
ilustrações envolvem *Bodhisatvas* e demônios, representação de
estados mentais e mundos os mais variados. O mandala, embora
extremamente complexo, mantém sua forma circular e apontando sempre para um centro. Em procedimentos sucessivos, o

monge fixa o mandala e depois procura repetir mentalmente sua complexa estrutura simétrica em sua mente, de olhos fechados. O processo é repetido por diversas vezes, e, quando o mandala é completamente visualizado no espaço mental, a pacificação da mente é alcançada.

Nas mais diversas culturas a poderosa influência terapêutica do mandala se manifesta. Um dos exemplos mais conhecidos de uso do mandala para fins terapêuticos é entre os índios norte-americanos Navajo, cujos xamãs empregam formas circulares em areia para fins curativos. No cristianismo o exemplo frequentemente citado de mandalas religiosos são os belos vitrais da catedral francesa de Chartres[164].

Mandalas culturais e mandalas psicológicos

É essencial distinguir o *mandala cultural* do que chamo *mandala psicológico*, esse último sendo descrito por Jung em sonhos e fantasias. O essencial do mandala psicológico é a busca de um ponto central, que representa o novo centro da personalidade, distinto do ego como referencial aparente dos processos mentais. O processo de individuação descrito por Jung é a realização desse centro virtual, chamado por ele de *ponto médio da personalidade*, entre o ego e o inconsciente[165]. Os diversos mandalas descritos anteriormente são mandalas culturais, na medida em que apresentam uma forte tonalidade religiosa ou mitológica, com imagens de *bodhishatvas*, santos cristãos ou a rigorosa geometria de certos mandalas do hinduísmo apontando para uma deidade determinada.

---

164. Para exemplos de mandalas entre os índios Navajo e no cristianismo, cf.: JUNG, C.G. (org.). *O homem e seus símbolos*.

165. O ponto médio da personalidade está descrito em JUNG, C.G. *O eu e o inconsciente*. OC, vol. 7/2. Jung algumas vezes descreveu o processo de individuação como sendo um método de *arredondamento* (em alemão, *abrundung*) da personalidade. Essa imagem implica a *esferificação*, com a produção de um novo centro, propriedades do mandala.

O *mandala psicológico*, embora cumprindo o mesmo objetivo do mandala cultural de centralização da personalidade, estabilização emocional e aprofundamento, constela-se como uma manifestação espontânea da subjetividade a partir de sonhos e fantasias. Isto é, vem a partir de dentro, como um símbolo arquetípico que se manifesta a partir do inconsciente coletivo, sem ter necessariamente os ricos ornamentos próprios de mandalas que são fornecidos a partir de fora, de uma cultura específica. Os mandalas tibetanos ou cristãos pertencem a um determinado ritual específico e contêm elementos de uma cultura específica, tendo um fim determinado naquela cultura ou naquele procedimento religioso. Já o mandala psicológico que emerge de forma autônoma nos processos terapêuticos é inteiramente espontâneo e livre das injunções de culto.

Jung descreveu em diversos pontos de sua obra a emergência espontânea de mandalas psicológicos. Uma das mais importantes citações é a impressionante série de mandalas pintados por uma paciente norte-americana na década de 1920 com forte conteúdo arquetípico[166]. Nessa série o processo de individuação, a transferência terapêutica e aspectos futuros da vida da paciente aparecem de forma surpreendente. Outro exemplo de nota são os mandalas que aparecem em uma série de sonhos de um paciente apresentada na obra *Psicologia e alquimia*[167]. Nesse caso percebemos claramente o que Jung quer definir como o mandala enquanto expressão automática, totalmente espontânea da totalidade psíquica, organizando-se em torno de um centro. Trata-se de uma série de sonhos que se produzem como anunciadores de um intenso processo de trans-

---

166. JUNG, C.G. *Estudo empírico do processo de individuação*. In: OC, vol. 9/1.

167. JUNG, C.G. "O simbolismo alquímico em uma série onírica". In: *Psicologia e alquimia*. OC, vol. 12.

formação psicológica[168]. No primeiro sonho a constelação inicial do símbolo do mandala se dá de forma surpreendente: o sonhador se vê em uma festa, prepara-se então para sair e há a imagem de um chapéu de um desconhecido que o sonhador coloca em sua própria cabeça. Jung amplifica a imagem do chapéu como associada à coroa do rei, ao poder, e por fim se estende sob a forma arredondada do chapéu como constelação de uma forma mandálica prefigurando os inícios de uma busca de totalidade[169]. Em sonhos subsequentes, nos quais também a imagem de mandala está fortemente presente, estamos muito longe dos mandalas do budismo tibetano ou dos índios Navajo. Nem mesmo a forma circular está presente em muitos deles. Em um dos sonhos, por exemplo, o mandala aparece sob a forma de um retângulo grande, cujos lados são ladeados por retângulos menores. No centro do retângulo maior, portanto, de todo o mandala, está uma estrela. No centro de cada retângulo lateral, um círculo com cores diversas[170]. *Podemos notar que mais importante ainda do que a forma circular é a dinâmica em torno de um centro, a busca de centralização.* Considero essa questão bastante importante mesmo para detectar o aparecimento do simbolismo do mandala em processos terapêuticos.

O mandala no processo analítico

Devido ao fato de o mandala ser um dos mais importantes símbolos do si-mesmo ou do arquétipo do centro, muitos podem pensar de forma precipitada que a emergência de mandalas em fanta-

---

168. Sabemos hoje que o sonhador que Jung menciona em *Psicologia e alquimia* é Wolfgang Pauli, físico Prêmio Nobel de 1946 e colaborador de Jung nos estudos sobre sincronicidade.

169. Na obra *Psicologia e alquimia*, cf. o sonho inicial da série, no qual o sonhador está em uma festa e toma um chapéu que não é seu, por engano (§ 52-53). Posteriormente o tema do chapéu volta em outro sonho (sonho 35): um personagem toma o chapéu e o lança em uma parede, deixando lá uma forma circular, mandálica, dividida em oito partes (§ 254-255).

170. Cf. o sonho com retângulo maior no centro com quatro retângulos pequenos nos lados in: ibid., § 286 (sonho 51).

sias de pacientes pode estar indicando um processo de amadureci-
mento, integração de opostos, ou de que a pessoa estaria entrando
em um processo de término da análise. Embora em alguns casos
realmente o surgimento de mandalas em sonhos possam apontar
nessa direção, nem sempre é assim. O símbolo inconsciente deve
sempre ser confrontado com a situação consciente do sonhador. O
surgimento de mandalas em desenhos, sonhos e fantasias poderá,
ao contrário, estar apontando para uma *crise psicológica*, ou mesmo
para um perigo de cisão psíquica. Jung, em uma de suas metáforas
nas quais comparava os processos psíquicos a processos biológicos e
da natureza, chegou mesmo a associar o aparecimento de mandalas
psíquicos ao aumento de glóbulos brancos do sangue, os leucócitos
(também arredondados!): na ocorrência de uma infecção o sistema
imunológico irá produzir uma grande quantidade de glóbulos brancos para combater a doença e restituir o equilíbrio[171]. Na ameaça
de perda de equilíbrio psíquico, também o arquétipo do si-mesmo,
símbolo da totalidade, manifesta-se como uma circularidade defen-
siva em busca de uma centralização e de um maior equilíbrio.

Um dos exemplos da compensação radical dos mandalas a um
estado dissociado foi pesquisado por Nise da Silveira, fundadora
do museu do Inconsciente, no Rio de Janeiro[172]. Silveira reuniu
no Museu uma impressionante coleção de imagens arquetípicas
produzidas por psicóticos. A catalogação dessas imagens seguiu
o método da Coleção Aras[173] de Nova York, no qual as imagens

---

171. O chamado *desvio para a esquerda*, no hemograma: a produção rápida de formas jovens
de leucócitos para combater a infecção.

172. SILVEIRA, N. *A esquizofrenia em imagens.*

173. Aras: Archive for Research in Archetypal Symbolism. (Arquivo para Pesquisa em Simbolismo Arquetípico). O Arquivo Aras pode ser visitado com hora marcada em diversos
institutos de psicologia junguiana nos Estados Unidos: C.G. Jung Institute of New York,
C.G. Jung Institute of Los Angeles, C.G. Jung Institute of S. Francisco, C.G. Jung Institute
of Chicago. O Aras tem ainda um amplo website: www.aras.org

são catalogadas pelo seu significado arquetípico. Entre os temas catalogados está o mandala. Diversos álbuns com a temática do mandala foram colecionados, numa variedade impressionante de cores e motivos, mas sempre expressando a busca de uma centralização, sempre uma esferificação. Por que a incidência tão elevada de mandalas nas produções pictóricas dos esquizofrênicos? Porque o esquizofrênico (gr. *esquizo*, cisão, *phrenos*, mente) vivencia uma profunda *cisão interna*. Processos autocurativos, produzidos a partir do si-mesmo, tentam novamente juntar as partes, centralizar, retomar o equilíbrio perdido, mas a psique novamente se cinde dentro do processo psicótico, em ciclos de repetição trágica.

Em minha prática clínica também observo com frequência a emergência de mandalas também em pacientes não psicóticos. Um recorte clínico irá ilustrar bem esta questão. Uma paciente tinha vida familiar bastante complicada, vivendo em companhia de mãe viúva e de duas irmãs. Essas eram extremamente agressivas e frequentemente a paciente comparecia às consultas com os braços arranhados com marcas de unhas, possuída por silenciosa depressão. As consultas transcorriam com longos momentos de silêncio, a paciente mergulhada num recolhimento melancólico. Por diversas vezes ela passou a fazer gestos misteriosos com o dedo sobre os joelhos, como se estivesse desenhando algo, ou fazendo riscos. Só depois desses gestos estranhos dirigia-se a mim e a verbalização tomava lugar. No consultório tenho sempre à mostra, bem visível para o paciente, estojos de lápis cera, crayon pastel, lápis de cor e outros materiais para expressão não verbal. Sugeri então à paciente que procurasse desenhar a figura que ritualisticamente produzia sobre os joelhos. A ilustração 6 foi desenhada pela paciente, usando lápis de cor vermelha, em gestos violentos e pouco cuidadosos, mas muito significativos, demonstrando raiva e revolta.

Ilustração 6 Mandala e transferência (Caso clínico de uma paciente)
Fonte: O autor.

Como se pode ver, trata-se de um mandala. Dois triângulos se encontram em um ponto central. Há a centralização própria do mandala, embora a forma não seja circular. Os opostos se integram no ponto central. A *função transcendente do si-mesmo* operou, permitindo que do seu caos depressivo a paciente se organizasse e chegasse até a mim, podendo verbalizar, ouvir interpretações, integrar o processo. Mas para que esses mecanismos mais diferenciados da análise pudessem tomar lugar, o arquétipo do si-mesmo teve que se constelar como mandala psicológico. Ocorreu aqui um caminhar do não verbal para o verbal, da profundidade arquetípica para os dinamismos relacionais mais favoráveis.

Outro recorte clínico, dessa vez de paciente psicótico, revela a misteriosa e autônoma influência protetora do mandala sobre o psiquismo. Determinado paciente possuidor de um transtorno bipolar grave certa ocasião foi tomado de grande agitação maníaca. Julgava-se perseguido por hostes inimigas perigosas. Desesperado, procurou um táxi e passou a andar pela cidade em busca de proteção. Ordenou ao motorista que se dirigisse a uma agência bancária do antigo Banco Nacional. Pagou a corrida, e permaneceu imóvel debaixo do anúncio do Banco Nacional, com sua logomarca famosa na época (ilustração 7).

Ilustração 7 Mandala e proteção – Logomarca do Banco Nacional como mandala (Caso clínico de um paciente)
Fonte: O autor.

Observando essa figura com atenção percebemos que se trata de um mandala, um mandala dinâmico, com movimento dextrogiro (para a direita), isto é, do inconsciente para a consciência. Talvez por isso a logomarca do banco tivesse agido como proteção, pois transmitia uma ideia de esvaziamento do inconsciente e um reforço da consciência, tudo o que o paciente ameaçado precisava naquele momento. Nessa situação de perigo iminente aconteceu um processo de alívio psicológico pela proteção pela imagem em formato de mandala.

Um fenômeno curioso *de transformação de um sinal em símbolo* tomou lugar aqui. O *sinal*, logomarca de um banco, único para algo sobejamente conhecido, é transformado pelo pensamento mágico psicótico em um poderoso *símbolo* mandálico que confere proteção contra forças misteriosas. Essa situação (a transformação de um sinal em símbolo) é o inverso do processo normalmente encontrado das conhecidas *reduções de símbolos em sinais* na tentativa de uma interpretação redutiva do símbolo em análises de sonhos, reduções tão criticadas por Jung.

Os mandalas orientais

Shamdasani escrevendo sobre a emergência dos conteúdos do *Liber Novus* na obra posterior de Jung relata a forma espiralada, não linear, como Jung foi aos poucos se apropriando de suas ricas experiências interiores, traduzindo-as gradualmente em conceitos psicológicos. Nesse contexto, a descoberta da importância simbólica do mandala encontra ressonância importante no tratado chinês *O segredo da flor de ouro*. Sobre esse contexto, refere-se Shamdasani:

> [...] antes de se envolver com alquimia [após o término do *Liber Novus*], nós vemos que Jung se engajou em um *intermezzo* oriental, o qual foi de certa forma negligenciado. A situação se torna mais clara se compreendemos que seu comentário a O *Segredo da flor de ouro* está, sob muitos aspectos, colocado no volume errado da Obra Completa; não deveria estar no vol. 13, *Estudos alquímicos*, mas no vol. 11, *Psicologia e religião oriental*[174].

O interesse maior de Jung, quando o sinólogo Richard Wilhelm lhe enviou o tratado, não era ainda a alquimia, mas *a conste-*

---

174. SHAMDASANI, S. *After Liber Novus*, p. 368.

lação do mandala, ou como o tratado chinês refere: *o curso circular da luz*. O interesse de Jung foi descobrir no texto a confirmação de seus achados sobre a importância do mandala e sua associação com o simbolismo do si-mesmo. Somente depois a questão da alquimia tornou-se fundamental para Jung[175].

O mandala continuou sendo para ele fonte importante de informação a partir dos estudos conjuntos com Wilhelm Hauer sobre o simbolismo do Kundalini Yoga[176]. A tradição indiana mostra os *chackras* como *padmas* (flores de lótus) em forma de mandalas ricamente ornamentados com simbolismo complexo. A abordagem psicológica dos *chackras* mostra que na verdade eles têm uma sofisticada simbologia associada a um estado de consciência específico. Também em trabalhos com o estudioso de religião indiana Heinrich Zimmer, Jung aprofundou o sentido do mandala dentro do ritual indiano e como símbolos psicológicos importantes.

A centralização da consciência nos *padmas* circulares dos *chackras* é bastante interessante do ponto de vista psicológico. O que os introvertidos místicos da Antiguidade indiana intuíram como centros específicos de consciência no corpo, podemos hoje perceber como uma contribuição importante para a compreensão da alma e dos fenômenos do inconsciente. A partir do importante *intermezzo oriental* ao qual se refere Shamdasani, Jung passou a estudar yoga e tantrismo. Suas pesquisas sobre o significado psicológico dos *chackras* apresentadas no Seminário de *Kundalini Yoga* são bem esclarecedoras. Os *chackras* podem ser entendidos como mandalas aglutinadores de energia psíquica, poderosos vórtices de consciência em diversos pontos do corpo. A localiza-

175. Ibid., p. 368.
176. Cf. JUNG, C.G. *The psychology of kundalini yoga*.

ção corporal desses verdadeiros mandalas de consciência têm o efeito imediato de desconstruir uma poderosa fantasia unilateral moderna: *que a consciência cortical é a única possível*. Ao contrário, seguindo o caminho oriental que Jung tomou, podemos perceber que há diversos níveis de consciência possíveis e que a consciência cortical da modernidade ocidental *é apenas uma das perspectivas de consciência possíveis*. Estudando a simbologia dos *chackras*, Jung pode perceber cada *mandala-chackra* como um universo de consciência com seu simbolismo próprio, como número de pétalas, cores, figura de animais e elementos da natureza. O *manipura chackra*, por exemplo, está situado à altura do estômago, na altura do plexo solar. Esse centro simboliza um tipo de consciência regida por automatismos, dominado pelo fogo das emoções. É o centro do estômago, onde queimam as energias do suco gástrico, onde os alimentos são queimados e digeridos. Quando *estamos no estômago* falamos e reagimos de forma altamente emocional, não chegamos ao nível cardíaco dos sentimentos, nem ao nível da fala mais articulada, no qual as ideias são mais claramente expostas[177]. No estômago tudo pode acontecer, pois as reações são altamente irracionais, onde o medo ou a agressividade frequentemente tomam lugar. Esse é um exemplo de como a perspectiva da Yoga indiana que contempla vários centros de consciência pelo corpo é de certa forma rica, diferenciada e muito contribui para uma nova abordagem da psique inconsciente. Essa abordagem é também uma maneira extremamente criativa de superar o dilema corpo-mente da cultura ocidental[178].

---

177. Notar as expressões que em diversas línguas denotam emoções primárias, fora do controle do ego, em nível baixo de consciência que aparecem no estômago, em nível simpático: em português "senti um frio no estômago", ou inglês: *"I got butterflies on my stomach"*.

178. Para uma visão da abordagem psicológica abrangente dos chackras, cf. C.G. Jung: *The psychology of kundalini yoga*.

Ilustração 8 Mandala de um homem moderno – Systema Munditotius
Fonte: O *Livro Vermelho*, p. 364 (Apêndice A: Mandalas).

O *Systema Munditotius*: um cosmo interior no *Liber Novus*

O mandala que Jung desenhou em 1916, por ele considerado o seu primeiro mandala[179], é um verdadeiro *cosmo interior,* como referiu Shamdasani (cf. ilustração 8). Ele expressa uma fórmula desenvolvida por Paracelso muito tempo antes: *o microcosmo repete o macrocosmo,* o espaço interior do indivíduo encerra um cosmo em miniatura equivalente ao cosmo exterior. O *Systema Munditotius* (*Sistema da totalidade do mundo*) encerra um universo. Ele é matematicamente rigoroso e simétrico, tendo estrutura quaternária. Or-

---

179. SHAMDASANI, S. *C.G. Jung: A biography in Books.* Norton, p. 123.

ganiza o brotamento criativo de ideias novas e intuições que Jung
tinha naquele momento de intensa confrontação com o inconsciente. Todo esse mandala é constituído por figuras expressivas do
mundo da gnose e da mitologia clássica. Como o descreveu Jung:

> Ele descreve as antinomias do microcosmo dentro do
> mundo macrocósmico com suas antinomias. No ponto
> mais alto, a figura do jovem rapaz dentro do ovo alado,
> chamado Erikapaios ou Phanes e lembrando assim uma
> figura espiritual dos deuses/deuses órficos. Sua antítese
> escura nas profundezas é designada aqui como Abraxas.
> Ele representa o *dominus mundi*, o senhor do mundo
> físico, e é um criador do mundo de natureza ambivalen-
> te. Brotando dele vemos a árvore da vida, chamada *vita*
> (vida), enquanto sua contraparte superior é uma árvore
> da luz na forma de um candelabro de sete braços cha-
> mado *ignis* (fogo) e *eros* (amor). Sua luz aponta para o
> mundo espiritual da criança divina. [...] Os animais
> do mundo natural que o acompanham são um monstro
> demoníaco e uma larva. Isto significa morte e renas-
> cimento. Uma outra divisão do mandala é horizontal.
> À esquerda vemos um círculo indicando o corpo ou o
> sangue, e dele surge uma serpente, que se enrosca no
> falo, enquanto princípio generativo. A serpente é escura
> e clara, significando a região escura da terra, a lua e o
> vazio (por isso chamada satanás) [...][180].

Ao contemplarmos a sofisticada cosmologia do *Systema Munditotius* somos transportados aos complexos mandalas do budismo
tibetano com suas imagens de grande densidade simbólica. Nesses
mandalas, diversos mundos, espaços e dimensões são habitados

---

180. O detalhamento sobre o *Systema Munditotius* está no Apêndice A do *Liber Novus*.
Segundo explica Shamdasani, as descrições do mandala foram feitas por Jung em carta
de fevereiro de 1955. (A descrição do *Systema Munditotius* por Jung aparece aqui bastante
sintetizada.)

pelos mais diferentes seres, bodhisatvas, deuses e demônios re-
presentativos de diversos estados do ser. No *Systema Munditotius*,
entradas e saídas para múltiplos universos simbólicos são divisa-
dos. Os diversos elementos do mandala não aparecem também de
forma casual, pois constituíram momentos importantes do *Liber
Novus*, passagens e vivências de significado dentro de um processo
de autodescoberta.

Embora pensemos que seja mesmo impossível esgotar a rica
simbologia dessas imagens, algumas pistas e indicativos do caminho percorrido por Jung em seu cosmo interior podem ser assina-
lados. De início o mandala cumpre uma função presente em toda
configuração desse tipo: *ele ordena e centraliza*. Expressa uma rigorosa simetria, que permite uma organização dos conteúdos psíquicos em um momento que Jung está assimilando uma riquíssima
vivência do inconsciente. O inconsciente é caótico por natureza
e para ser integrado há a necessidade de *símbolos organizadores*. O
Systema Munditotius adquire a forma rigorosamente quaternária,
com as polaridades vertical e horizontal. Na polaridade horizontal
aparece à esquerda símbolos ctônicos e obscuros, o falo, a serpente,
a terra. À direita, símbolos celestiais, a pomba do Espírito Santo,
o cálice do Espírito, a água da vida. Também o eixo vertical integra
oposições: acima, o *Erikapáios* ou *Fanes*, o jovem celestial, o Eros
dos mistérios órficos antigos[181]. A polaridade no extremo abaixo é
nada menos do que o próprio *Abraxas*, o senhor do mundo. Acima
dele, a árvore da vida. Contrapondo-se a ela, na parte de cima do
eixo vertical, uma árvore de luz em forma de candelabro. Associados à árvore de luz superior estão uma serpente alada (a arte) e
um rato alado (a ciência).

---

181. Nunca é demais lembrar que esse deus Eros nada tem a ver com o Eros descrito por
Ovídio em *Metamorfoses*, o menino travesso e alado que provoca as maiores confusões com
suas setas do amor. Entre os órficos é adorado o deus *Eros Protógenes*, o primeiro nascido,
um deus cosmogônico, criador do mundo.

Fanes-Eros é o deus central do orfismo, movimento místico-iniciático que floresceu na Grécia do século VI a.c. Na cosmogonia órfica, teria nascido de um *ovo prateado*, originado em Nix, a ave negra da noite[182]. Na passagem do encontro com Izdubar, *o chocar do deus* em um *ovo* e seu ressurgimento em forma de *Eros-Fanes* expressam a necessidade de sobrevivência da tradição antiga mitológica – personificada por Izdubar – em uma época da Modernidade dominada por uma racionalidade unilateral[183]. Também na configuração do *Systema Munditotius* o deus supremo do orfismo ocupa papel de destaque. Por que a simbologia órfica ocupa um papel tão destacado no *Liber Novus*?

Pensamos que para termos pistas para essa questão, devemos primeiramente mencionar a importância do orfismo como religião de mistério no mundo antigo. Para isso, vamos lançar mão de conceitos de pesquisadores de religião antiga, de modo especial Robert Graves, Junito Brandão e Walter Willi. As religiões de mistério incluíam um ritual elaborado em torno de um mito com o elemento central de morte da personalidade antiga e renascimento de uma nova. Continham, portanto, um mistério soteriológico (de salvação) privado, para os *mistés*, ou iniciados. Entretanto, o orfismo tinha características muito particulares que o diferençavam de outras religiões de mistério, como Elêusis e os rituais de Dioniso. Tinha forte influência oriental, seus seguidores acreditavam na *metempsicose*[184] e abstinham-se de comer ovos, a origem da vida. Era portanto uma religião bastante ascética. Por tudo isso, o

---

182. Cf. descrição detalhada do orfismo como movimento religioso histórico em Junito Brandão (1986, 1991, s.v. "Orfismo") e Walter Willi (1971). Cf. tb. Robert Graves (2004).

183. Cf. mais detalhes sobre o papel do orfismo em *Liber Novus* no capítulo 5: "O heroísmo e os heróis no *Livro Vermelho*".

184. Metempsicose (grego: *Metempsicosis*). A crença na reencarnação em qualquer corpo vivo, animal, vegetal ou humano. Diferencia-se da *ensomatose*, o ciclo reencarnatório restrito a corpos humanos. Os órficos professavam a metempsicose.

orfismo apresentava características muito peculiares se comparado à religião homérica oficial. Esta última não contemplava a questão da culpa individual e da salvação pessoal, mas antes a culpa do
génos, da família ou grupo. O indivíduo assimilava a culpa familiar,
todos os membros da família eram responsáveis em conjunto pelas
faltas cometidas. Uma falta no grupo familiar por um dos membros contaminava todo o grupo como um *miasma, uma mancha que
se espalha*[185]. Além disso, a religião grega oficial não reservava para o
morto uma possibilidade de salvação *post-mortem*. Ao contrário, a
religião homérica concebia apenas um *Hades* (mundo dos mortos)
onde a alma permanecia apenas como um duplo abúlico do vivo. Já
o orfismo continha uma sofisticada doutrina de salvação pessoal,
o órfico tinha uma responsabilidade pessoal pelos seus atos sendo
produtor de seu destino. Um fato da maior importância para a história das religiões é que *a noção de culpa individual nasce no mundo
grego com o orfismo*.

Segundo Junito Brandão, de particular interesse para a compreensão do orfismo foi a descoberta das chamadas *lamelas* em ce-
mitérios órficos. Essas lamelas eram lâminas de ouro colocadas no
pescoço do iniciado órfico ao morrer, com a descrição da vida no
mundo de baixo para que ele soubesse o caminho a seguir após deixar o mundo dos vivos. Deveria evitar beber da *fonte de Lete*, a água
do esquecimento das encarnações anteriores, pois o iniciado órfico
lembra suas encarnações. Beberia ao contrário da *fonte de Mnemósi-
ne*, a sagrada *Memória*, que lhe traria a memória de sua identidade
verdadeira através das diversas encarnações. A cosmogonia órfica
ficou clara também através dessas e de outras importantes desco-

---

185. A doutrina da culpa e reparação na religião homérica oficial se baseava na moral do
grupo familiar. Génos é palavra grega para família. A culpa individual não existiria isolada,
pois todo o Génos era responsável. Não havia ainda a noção cristã de pecado, mas a culpa
e reparação seria uma hamartia, palavra que deriva do verbo *hamartanéin*, que quer dizer
errar o alvo (Cf. BRANDÃO, J.S. *Mitologia grega*. Vol. I, p. 76-78).

bertas arqueológicas[186]. O mundo do Hades seria dividido em três partes: o *Tártaro*, o mais inferior, um intermédio, o *Érebro*, e um terceiro, privativo dos heróis e grandes iniciados, os *Campos Elíseos*. Essa concepção do mundo do além é curiosamente semelhante à concepção cristã tripartite do mundo anímico em *inferno*, *purgatório* e *paraíso*. Há outras características do movimento órfico que levam muitos a considerar o orfismo um importante precursor do cristianismo, destacando-se radicalmente da religião homérica oficial. O próprio fundador mítico do movimento, o cantor Orfeu, tinha o nome de *o pescador*, um epíteto bastante cristão[187]. Sabemos da importância da simbologia do peixe no cristianismo.

Essa situação do orfismo dentro de uma perspectiva histórica como importante precursor do cristianismo pode ter atraído Jung de forma especial. Ele estava em busca das raízes da espiritualidade do mundo ocidental, ameaçada pela Modernidade, pela *deusa razão*. Talvez a importância histórico-simbólica dos dois movimentos religiosos, gnosticismo e orfismo, explique a importante presença das duas divindades, Fanes e Abraxas, no *Systema Munditotius*. Nesses dois sistemas sintetizam-se os fundamentos, os antecedentes gregos e judaico-cristãos. Jung teria buscado neles uma forma de *reculer pour mieux sauter*[188], uma nova orientação, um fundamento para sistematizar seus novos achados nas experiências do *Liber Novus*.

---

186. Brandão cita, além das lamelas órficas, o chamado Papiro Dervene como fonte importante sobre o orfismo (cf. BRANDÃO, 1991, s.v. "Orfismo"). Walter Willi (1971) admite a existência de um Orfeu histórico, fundador de uma religião de mistério na Trácia.

187. O tema de Orfeu como pescador é discutido em WILLI, W. "The Orphic mysteries and the Greek spirit". *The mysteries – Papers from the Eranos Yearbooks*, 1971.

188. *Reculer pour mieux sauter* ("Recuar para saltar melhor"). Expressão francesa muito usada por Jung no estudo da psicodinâmica das neuroses. Diante de uma grande dificuldade é melhor recuar, para saltar e transpô-la. Essa imagem também pode ser aplicada para os grandes câmbios culturais que a Europa passava por ocasião da escrita do *Livro Vermelho*. A Modernidade, para Jung, representava inúmeros problemas e dificuldades (a Primeira Guerra Mundial era apenas a manifestação mais evidente disso) e um recuo ao passado em busca de referências era necessário para a busca de soluções desses problemas.

Desdobramentos do mandala na obra de Jung

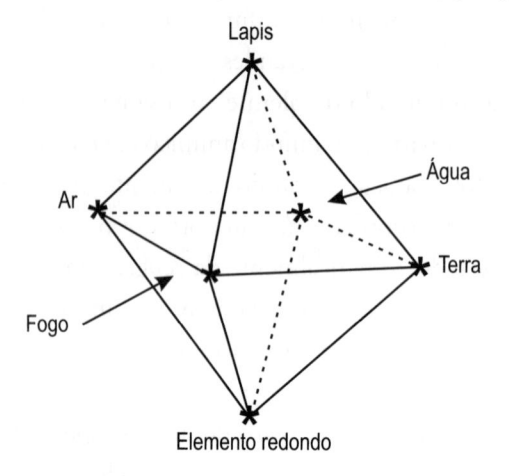

Ilustração 9 *O quaternio do lapis*
Fonte: *Aion*. OC, vol. 9/2, p. 281.

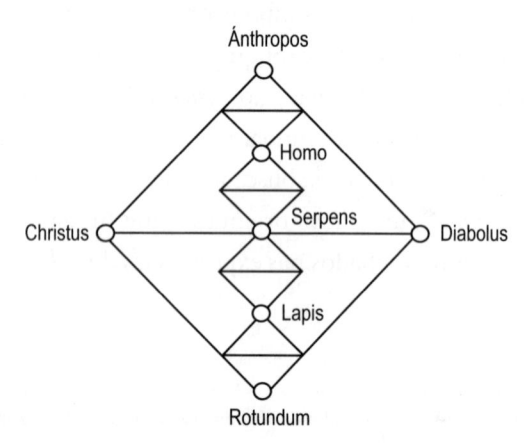

Ilustração 10 **A estrutura simétrica do si-mesmo**
Fonte: *Aion*. OC, vol. 9/2, p. 291.

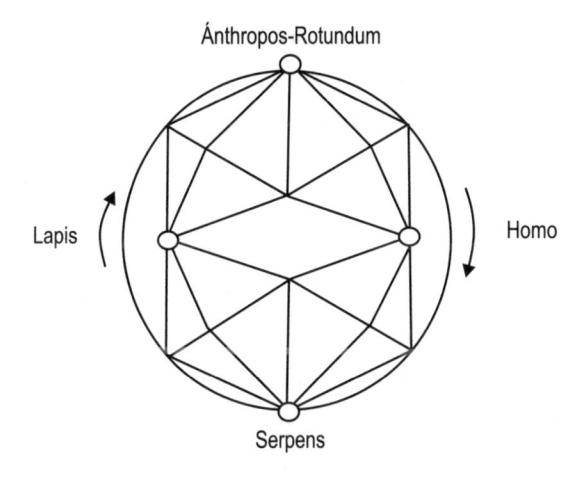

Ilustração 11 Os quatérnios e a formação final em mandala
Fonte: *Aion*. OC, vol. 9/2, p. 292.

A questão da simbologia do mandala acabou ocupando papel bem significativo na obra de Jung, tornando-se um dos temas que o tornaram mais conhecido. Assim como acontece com outros temas junguianos popularizados, tais como a sincronicidade e a questão dos tipos psicológicos, grande parte das pessoas não compreende o real significado do simbolismo do mandala como função protetora da psique e expressão da totalidade mais essencial do indivíduo.

Já mencionamos importantes textos sobre o tema do mandala na obra junguiana: sua introdução a *O segredo da flor de ouro*, *Um estudo empírico do processo de individuação* e *O simbolismo do mandala*[189]. Mas percebemos a culminância de elaboração do tema do mandala na obra tardia *Aion*[190]. Nesse denso trabalho irá aparecer a complexa série de mandalas em formas perfeitamente simétricas, constituindo os chamados *quatérnios* que Jung empregou

189. Ambos os textos no vol. 9/1 da OC.

190. *Aion – Um estudo sobre a fenomenologia do arquétipo do si-mesmo*. OC, vol. 9/2.

para descrever o que denominou *a estrutura e a dinâmica do si-mesmo*. Porque teria Jung escolhido a forma de quatérnio para exprimir a estrutura do arquétipo do si-mesmo? Temos que lembrar a importância simbólica que Jung dá ao número quatro em toda sua obra, como representante da totalidade, o chamado *arquétipo do quatérnio*[191]. A permanência do número quatro nos ritmos da natureza (as quatro estações, as quatro fases da lua, as quatro cores fundamentais, os quatro pontos cardeais entre outros) faz do número quatro uma referência fundamental para a organização da consciência humana. O número quatro irá aparecer em diversas tradições de povos diversos com marcado sentido simbólico. As categorias do espaço e tempo são os *a priori* kantianos para a organização da realidade. O espaço, sendo percebido como ternário com suas três dimensões, pede o quarto elemento, o tempo, para configurar *a totalidade espaço-tempo*. Da mesma forma, o tempo, percebido pela trindade temporal passado, presente e futuro, pede um quarto elemento, o espaço, para a organização da totalidade do mundo percebido. Em ambos os casos temos a estrutura 3 + 1 organizando um *quatérnio* da realidade percebida[192].

A sofisticada estrutura empregada por Jung para descrever o arquétipo do si-mesmo em *Aion* pode ser considerada um man-

---

191. Na obra de Jung por diversas vezes o arquétipo do quatro aparece: o processo de individuação é quaternário, tendo quatro estágios representados pelo ego, sombra, *anima/animus* e si-mesmo. A análise tem também quatro fases que Jung denominou de confissão, elucidação, educação e transformação. Também são quatro as funções psicológicas da tipologia junguiana e a própria estrutura do enquadre analítico é quaternária, obedecendo ao *quatérnio*: analista, o inconsciente do analista, o paciente, o inconsciente do paciente, enquadre que fundamenta o quatérnio da transferência. Os próprios sonhos teriam uma estrutura quaternária dentro da visão junguiana compondo-se de: apresentação, desenvolvimento, clímax e solução. Essa disposição quaternária do sonho obedeceria a uma estrutura básica, onde o arquétipo do quatro aparece também nas tragédias gregas da Antiguidade e nos contos de fada. A tragédia grega e os contos têm uma estrutura básica quaternária composta de *Dramatis Personae* (descrição dos personagens). desenvolvimento, *Peripateia* (clímax ou Peripécia) e *lysis* (solução).

192. Edward Edinger (1996) comenta a questão da quaternidade presente nas categorias espaço-tempo em *The Aion Lectures*.

dala em desdobramento em diversos níveis, no espaço subjetivo e objetivo. Jung se baseia no complexo pensamento da escola gnóstica dos *Naassenos*[193] e sua riqueza de imagens para ilustrar o que seria a estrutura básica do arquétipo do si-mesmo. As fontes gnósticas pesquisadas por Jung derivam principalmente de escritos do bispo da Igreja Hipólito, que relata textos antigos dos gnósticos naassenos. Esses textos empregam uma riquíssima simbologia, com curiosa interpretação de textos do Antigo Testamento, cristãos primitivos e gregos, juntando tradições fazendo jogos de palavras na expressão de poderosos símbolos. Essa maneira curiosa de expressar símbolos, usando verdadeiros trocadilhos, lembra muito a estrutura dos sonhos do homem contemporâneo, como menciona Edinger[194].

Considero importante percebermos nessa complexa estrutura simétrica do si-mesmo o desdobramento final da percepção inicial intuitiva do mandala que Jung denominou *Systema Munditotius* no *Liber Novus*. Aqui, temos a ideia intuitiva em brotamento, em *Aion* temos o coroamento da ideia, sua organização criativa em um sistema teórico final de percepção do mundo e do homem, sistema no qual o gnosticismo, orfismo e alquimia são as referências básicas.

---

193. Segundo algumas etimologias, vem do grego *Naas*: serpente, significando "os adoradores da serpente"). Grupo de pensadores gnósticos do primeiro século cujas tradições se tornaram conhecidas através dos escritos do bispo da Igreja Hipólito. Os textos de Hipólito sobre os naassenos são longamente citados por Jung em diversas partes da OC, principalmente em *Aion*. Os naassenos pertenceram ao grupo de gnósticos chamados *Ofitas* (grego *Ófis*, serpente) que atribuíram um papel libertário à serpente do paraíso, que resgataria o homem de um Jeová cruel pelo ganho de consciência. Psicologicamente, a serpente gnóstica pode ser considerada uma personificação da *anima*.

194. EDINGER. Op. cit.

10
FILÊMON

Filêmon, da mesma forma que outros personagens de minha imaginação, trouxe-me o conhecimento decisivo de que existem na alma coisas que não são feitas pelo eu, mas que se fazem por si mesmas, possuindo vida própria.
C.G. Jung[195].

Ilustração 12 Filêmon
Fonte: *O Livro Vermelho*, p. 154 (Liber Secundus, capítulo XXI).
Direitos gentilmente cedidos ao autor pela Editora Norton.

---

195. Cf. JUNG, C.G. MSR, p. 218-219.

A aparição de Filêmon representa o coroamento da peregrinação de Jung em busca de si mesmo. Filêmon foi referido em MSR como o equivalente à figura do *guru* para o indiano religioso. Jung relata como descobriu a experiência viva do guru quando recebeu a visita de um intelectual indiano, discípulo de Gandhi. O visitante relatava ter tido um guru. Jung perguntou então a ele quem era seu mestre e teve como resposta que o guru de seu visitante seria Sankaracharya. Jung espantou-se: "mas o senhor fala do conhecido estudioso dos Vedas que viveu no século XII? Ele já morreu há muito tempo". E seu interlocutor explicou-lhe "com toda a naturalidade" que isso não tinha a menor importância e que a experiência do guru é uma experiência interior. Nesse instante, relata Jung, "pensei em Filêmon"[196].

A palavra *guru* está desgastada em tempos atuais, sendo frequentemente usada de forma errônea. Existem várias etimologias para a palavra sânscrita *guru*: a mais conhecida diz que o título significa aquele que leva das trevas (*Gu*) para a luz (*Ru*), um mestre espiritual altamente qualificado, um "dissipador das trevas". Outras etimologias falam que a palavra guru é conata do latim *gravis*, querendo dizer pesado, pleno (de sabedoria e do conhecimento do divino). As tradições ainda falam da fórmula: *guru, deus, Si-mesmo, experiências idênticas*[197]. Portanto, a comparação de Filêmon com a figura de um guru confere a ele a categoria de Arquétipo do Velho Sábio, de um instrutor importante para Jung.

Na verdade, Filêmon é comparado a um verdadeiro avatar, por uma citação do Bhagavad Gita, livro sagrado hinduísta pertencente aos Upanixades. A citação foi colocada por Jung ao lado da pintura de Filêmon, no *Liber Secundus* à página 54:

---

196. Cf. ibid., p. 220.

197. Sobre a etimologia da palavra guru, cf.: Wikipedia (www.pt.wikipedia.org), s.v. "guru".

> Sempre que há um declínio da lei e um aumento da iniquidade, então eu apareço. Para salvar os piedosos e destruir os malfeitores, para estabelecer a lei eu nasço em cada época (*Bhagavad Gita*, capítulo 4, versos 7-8).

Na psicodinâmica da individuação o *avatar* representaria um fator inconsciente responsável por restabelecer o equilíbrio perdido pela personalidade consciente. "Sempre que há um declínio da lei", isto é, quando a consciência está desorientada, símbolos do si-mesmo (p. ex., o Velho Sábio como *avatar*) se manifestam para ajudar a consciência a encontrar seu equilíbrio perdido. Esse novo equilíbrio é encontrado sempre de maneira mais elaborada, é sempre um novo equilíbrio em plano mais diferenciado. A crise em si já é um chamado para o desenvolvimento psicológico. Frequentemente a pessoa tem dificuldade em entrar em contato com o Velho Sábio em sua manifestação subjetiva e o projeta no analista pessoal, em forma de transferência. Será importante que o analista encarne a imagem arquetípica (de modo apenas temporário) para seu cliente até que ele próprio possa integrar os valores representados pela imagem arquetípica quando estiver amadurecido mais adiante e não precisar mais projetar de forma tão idealizada em seu terapeuta.

Essas associações de Jung com a cultura indiana são frequentes no *Liber Novus*[198]. A OC está plena de referências ao hinduísmo, como por exemplo no vol. 11, *Psicologia e religião oriental*, e também no vol. 6, *Tipos psicológicos*, onde os Vedas e Upanixades são extensamente citados. Lembramos ainda os ricos *Seminários Kundalini Yoga* proferidos por Jung e Wilhelm Hauer. A viagem de Jung à

---

198. Cf., p. ex., as canções védicas para restaurar a virilidade entoadas para Izdubar, doente, no cap. X do *Liber Secundus*, "As encantações", bem como as ilustrações de inspiração hinduísta neste capítulo.

Índia e seus trabalhos sobre a contribuição indiana fazem parte do amplo interesse pelo homem em sua dimensão planetária, transcultural. Essa abordagem é bastante significativa nos tempos atuais, uma época dominada pelo encontro de múltiplas culturas.

Em seu livro de memórias Jung explica ainda que a figura de Filêmon seria como que um desdobramento da figura de Elias, a continuação deste mesmo princípio[199]. Como podemos entender essa afirmação de Jung? Devemos lembrar que o *Liber Novus* é um constante personificar de emoções, que se permanecessem em estado indiferenciado seriam perigosas para a consciência. Na medida em que a emoção caótica adquire uma imagem, ou é personificada, ela se torna passível de integração à consciência. O arquétipo do espírito, o princípio do sentido, inicialmente no *Liber Primus*, aparece sob a forma de um pensamento espontâneo, autônomo, *o espírito da profundeza*, depois personificado como Elias e ainda mais tarde adquirindo sua forma mais diferenciada em Filêmon. Essas personificações são como sucessivas diferenciações do mesmo princípio arquetípico em formas análogas, porém mais diferenciadas. Esse princípio espiritual será conceituado posteriormente por Jung como o *arquétipo do espírito* ou ainda como *o Arquétipo do Velho Sábio*, ou o *princípio da reflexão*[200].

A primeira aparição de Filêmon, assim como outros eventos centrais da vida de Jung, ocorreu a ele em um sonho. Nele, em um céu povoado de flocos de terra que se abriam para um azul semelhante à água, Filêmon aparece voando. Tem grandes asas com as cores do pássaro martim-pescador, segura nas mãos um molho de chaves parecendo que abrirá em seguida um cadeado e tem chifres de touro. Traz para Jung, em suas palavras, "uma estranha atmos-

---

199. Cf. JUNG, C.G. MSR, p. 218.

200. JUNG, C.G. *A fenomenologia do espírito nos contos de fada*. OC, vol. 9/1, 1948.

fera greco-helenística e também gnóstica", ao contrário de Elias, um profeta judaico do Antigo Testamento[201].

A princípio Jung não entendeu em absoluto o significado simbólico de Filêmon e seguiu o caminho de cultivar a imagem, mantendo-a viva, observando os brotamentos de significado a partir da imaginação. O recurso utilizado para manter viva a imagem de Filêmon foi a da pintura em têmpera.

Essa imagem é uma das mais conhecidas pinturas do *Liber Novus*. O aspecto venerável de Filêmon tem uma curiosa semelhança de rosto com o próprio Jung, quando em seus últimos anos de vida. Cada elemento dessa imagem tem um significado simbólico diferenciado e merece uma análise específica. As asas como a de um pássaro estiveram presentes em personificações da mística principalmente ocidental, como simbolizando transcendência, transporte[202]. Os anjos, seres alados por excelência, derivam seu nome do grego *Ángelos*, que quer dizer *mensageiro*. Os anjos são arautos, mensageiros, intermediários entre Deus e os homens. Entre os gregos, o deus mensageiro por excelência é Hermes, com sandálias também aladas. Além disso, Hermes tem também o epíteto de *Psicopompo*, o *guia de almas*[203]. As asas estão portanto associadas a transporte e comunicação, uma das funções de Filêmon.

Outro elemento simbólico importante na figura de Filêmon são os chifres de touro (presentes no sonho de Jung relatado em MSR, mas substituídos na pintura feita no LV por um halo luminoso que

---

201. JUNG, C.G. MSR, p. 218.

202. Joseph Campbell, estudando a imagem de uma figura humana com asas numa antiquíssima rota para o Oriente, que partia da antiga Roma até a China, atribuiu a presença das asas a uma influência ocidental na representação artística oriental. Isto é, as asas seriam atributos típicos de divindades ocidentais (CAMPBELL, J. *The Power of Myth*. Vídeo em DVD).

203. Psicopompo: grego *psyché*, alma; *pompós*, guia, condutor). Cf. BRANDÃO, J.S. *Dicionário Mítico-etimológico*, s.v., Hermes.

tem, afinal, uma função análoga). Os chifres são elementos simbólicos nas culturas pré-cristãs, tendo significado de poder. Eram usados como ornamento em figuras de autoridade e chefes religiosos.
Trazem também a ideia de prosperidade, fartura. De certa forma, os
chifres reforçam em Filêmon o princípio da autoridade espiritual.

As chaves expressam a ideia de que Filêmon é uma figura simbólica portadora de significados ainda não percebidos de maneira
imediata. Somente o estudo continuado dos símbolos do inconsciente podem apontar os novos sentidos manifestados.

Junto ao peito, Filêmon traz uma tênue chama, cujo brilho opaco reflete-se em seu peito. Em diversas representações
de figuras do inconsciente essa luz tênue aparece, simbolizando
uma nova consciência presente em potencial no inconsciente. É
a ideia de uma *lumen naturae* (luz da natureza) de Paracelso, diversas possibilidades de desenvolvimento presentes no inconsciente. Essa é uma perspectiva importante, pois o inconsciente
deixa de ser algo puramente negativo, um repositório de material
recalcado, e passa a ser visto como fonte de criatividade e do vir
a ser. Filêmon portando a tênue luz pode também ser reportado
ao conhecido sonho de Jung e estudado por Von Franz[204] denominado "a lanterna na tempestade". Nesse sonho, Jung se vê levando uma fraca lanterna junto ao peito, em meio a mar agitado
e forte tempestade. O sonhador vê a tênue luz da lanterna como
a discriminação da consciência a ser preservada a todo preço. O
sonho falaria para Jung da importância da posição consciente em
relação ao confronto com o inconsciente. De fato, a posição ética
da consciência se mostra como fundamental na imaginação ativa
e em toda a experiência do *Liber Novus*, no qual os conteúdos
mais surpreendentes, obscuros e estranhos emergem. É necessá-

---

204. VON FRANZ, M.-L. C.G. *Jung, his myth in our time*.

rio que um termo médio seja adotado, isto é, confrontar os conteúdos, sem recalcá-los em prol da lógica consciente, mas também sem se identificar com eles, caso contrário a consciência é
tomada de roldão. Fica claro aqui a necessidade de uma firme posição consciente dotada de crítica[205]. Tomando o sonho de Jung
como referência, Filêmon representaria o si-mesmo de Jung, sua
personalidade supraordenada, a luz tênue que leva ao peito *a consciência egoica* do próprio Jung. Vista sob essa perspectiva, a figura
de Filêmon não só representa o Si-mesmo, mas é uma representação poética e mística do eixo ego-si-mesmo, da interação e da
interdependência de ambas as instâncias psíquicas.

A *infirmitas* de Filêmon

Uma das características mais significativas de Filêmon são seus
pés. Jung relata que Filêmon *tem um pé aleijado*[206]. Estaremos aqui
diante do que Hillman chama de *infirmitas* do arquétipo?[207] Pensamos que sim, as figuras do inconsciente aparecem com sua *infirmitas*, como se os deuses tivessem doenças que representam diversas
maneiras de a alma manifestar suas imperfeições, um *patologizar*
como movimento espontâneo da alma, como propõe Hillman. Assim como Salomé é cega, e essa cegueira é uma questão para Jung,
também o pé aleijado de Filêmon tem implicações em seu processo de individuação. No caso de Salomé, sua cegueira é curada ao final do *Liber Primus* em momento de grande transformação. Psico-
dinamicamente poderíamos dizer que a *anima* de Jung sofre uma
transformação. O *Degradado*, figura sombria que acompanha Jung

---

205. O tema da dialética da lógica consciente com a irracionalidade do inconsciente é tratado de forma mais alongada no cap. 11: Conclusões finais.

206. A descrição do *pé aleijado* ou paralisado de Filêmon está em MSR, p. 221.

207. HILLMAN, J. "On the necessity of abnormal psychology: Ananke and Athena".
Facing the Gods, 1980.

em certo momento do *Liber Secundus*, perdeu também um olho em uma briga. Nesse caso, entretanto, a *infirmitas* parece apontar para a situação de consciência limitada à qual a condição humana está sujeita, a qual os orientais chamaram *avidya*[208], o *não conhecer*, a ignorância própria do ser consciente. Com Filêmon também não ocorre uma cura do pé, mas antes uma compensação dessa *infirmitas*, pelo aparecimento de outra figura do inconsciente.

O aparecimento de Ka, a alma terrestre do faraó

Jung assume que Filêmon é um *Ángelos*, um espírito do ar que representa "o *insight* superior"[209]. Embora ele se apresente com enormes asas com as cores de um pássaro martim-pescador, apresenta também um pé aleijado. A figura de Filêmon é de certa forma relativizada pelo aparecimento posterior de outro personagem, ao qual Jung denominou *Ka*. A escolha do nome deriva da tradição do Egito Antigo[210]. Os egípcios acreditavam que o homem possui várias almas, entre elas o Ka, aspecto terrestre da alma do ancestral morto vinculado ao corpo e à matéria de modo geral. Na imaginação ativa de Jung, Ka lhe apareceu como que em um poço profundo, vindo das profundezas da terra de maneira bastante complementar à de Filêmon, que emergiu do ar. Jung comparou Ka a um espírito dos metais dos alquimistas, um espírito brincalhão de certa forma, mas também mefistofélico em seu mistério. Enquanto Filêmon trazia a questão espiritual do sentido, Ka era o portador do "princípio da beleza", do "eterno reflexo na matéria"[211].

---

208. *Avydia*, a ignorância, o não conhecer. Cf. ELIADE, M. *Patanjali et le yoga*, p. 33 e 47.

209. MSR, p. 219.

210. Ronald Hayman faz a hipótese – sem explicar como – de que o nome Ka seria uma corruptela do próprio nome de Jung, Carl! Trata-se de um exemplo extremo de como lançar hipóteses absolutamente sem base em fatos concretos. Cf. HAYMAN, R. *A life of Jung*, 2002, p. 183.

211. Sobre a figura de Ka e seu simbolismo, cf. MSR, p. 220ss. Cf. tb. o LV, p. 305, notas de rodapé 231 e 232, de Shamdasani.

Jung trabalhou também a imagem de Ka em uma pintura. Era a forma costumeira de Jung de realizar o que chamou de *circumambulatio*[212], o *andar em torno do símbolo*. Desenhando, esculpindo, pintando ou escrevendo sobre a imagem era a forma revolucionária de Jung de manter viva a chama do mistério da experiência da imagem sem reduzi-la a uma interpretação racional apressada. Esse processo constituiu a essência do desdobramento do *Liber Novus*. Ka, assim como Filêmon, ganhou então uma expressão simbólica através de uma pintura. Como foi essa pintura? Ka aparece mergulhado na terra, como um altar com base de pedra e a parte superior de bronze. Alto na pintura aparece a asa de um pássaro martin-pescador, e entre ela e a cabeça de Ka aparece uma nebulosa de estrelas. Ka segura um estilete e trabalha um relicário. Ele diz: "eu sou aquele que enterra os deuses em ouro e joias"[213].

Essa pintura deixa claro um sentido de complementaridade entre Filêmon e Ka, como se eles dissessem respeito a duas esferas do psiquismo complementares, mas quando em colaboração adequada, capazes de trabalhar em função da realização da individuação. Filêmon está acima, representado por sua asa; Ka abaixo, realizando sua tarefa criativa. A nebulosa de estrelas entre os dois parece representar a *constelação* do si-mesmo de Jung, a atualização das potencialidades (estrelas) pela integração dos opostos.

O Mito da Totalidade é o mito central da vida de Jung e norteia toda sua teoria. A ideia de totalidade está presente na questão dos tipos psicológicos e da função inferior, e nos conceitos ligados ao si-mesmo como um par de opostos complementares. Fica claro

---

212. *Circumambulatio*: termo originário da alquimia. Jung emprega o termo com o sentido do andar em torno de uma representação simbólica, sem reduzi-la a um sentido único. Procura-se assim respeitar o seu conteúdo sempre irrepresentável, sua categoria de mistério.

213. Cf. a descrição da representação de Ka e Filêmon feita por Jung em MSR, p. 220. Segundo Shamdasani, infelizmente essa ilustração encontra-se perdida.

o trabalho de Jung para integrar os opostos em si mesmo durante toda sua vida. Como ele mesmo coloca em diversas ocasiões, suas funções psicológicas principais sempre foram o pensamento e a intuição (personificadas em Filêmon). O trabalho com a sensação (personificada em Ka) foi uma constante em sua vida, com a busca da vida junto à natureza. Em sua Torre de Bollingen, onde nunca permitiu a introdução de energia elétrica e demais recursos da Modernidade, procurou viver junto à mãe natureza, rachando lenha, cuidando do fogo, cozinhando. Como artista-criador, escultor e pintor, canalizou por esses meios a energia criativa de Ka, "aquele que enterra os deuses em ouro e joias".

II
CONCLUSÕES FINAIS

> O *Livro Vermelho* é um livro de Janus,
> pois tem duas faces: uma olha para
> o passado, é tradicional, medievalista;
> a outra contempla futuros
> desenvolvimentos para a teoria e
> prática psicológica.

Após três anos da publicação do *Liber Novus* podemos fazer uma avaliação de sua influência na psicologia junguiana e mesmo na psicologia contemporânea de forma geral. O livro é uma obra muito peculiar como referência psicológica, sendo uma obra de originalidade única. Após sua publicação em 2009, inúmeros eventos em todo o mundo se sucederam para pesquisar, divulgar e debater os diversos aspectos do *Liber Novus* e seu significado para a obra junguiana. Ao mesmo tempo, ao mergulharmos no livro e ao nos determos em seus diversos aspectos, é fascinante observar os conceitos da obra junguiana em estado nascente, sua origem a partir de uma intensa experiência subjetiva e sua gradual condensação do *corpus* teórico da obra junguiana.

Discutimos anteriormente[214] o significado mais imediato do *Liber Novus*: foi um caminho ao mesmo tempo criativo e extremamente intenso do ponto de vista emocional que Jung desenvolveu

---

214. Cf. as considerações do significado do *Liber Novus* e o processo de individuação de Jung no cap. 2.

para fazer face a uma crise de metade de vida. Embora a chamada *crise de metade de vida* seja bastante importante como elemento a ser considerado na produção do livro, pensamos que o *Liber Novus* deva ser visto como um brotamento criativo dentro do processo existencial de Jung como um todo. Na vida pessoal de seu autor, o *Liber Novus* se apresenta como um continente adequado de impressões variadas ainda não completamente compreendidas pela consciência. Diversas interrogações filosóficas, religiosas e existenciais que perseguiram Jung desde sua infância encontraram representação simbólica durante a produção do *Liber Novus*. A grande variedade de símbolos que emergiu por essa época foi aos poucos sendo integrada durante o processo criativo de toda a vida de Jung em processo contínuo.

Esse processo de assimilação por toda a vida de Jung dessas intensas experiências faz com que o *Liber Novus* tenha realmente um significado importante na gênese de sua obra criativa. Nele as primeiras conceituações sobre o processo de individuação e os diversos personagens internos que compõem esse processo estão claramente delineados. Os estágios do processo, os encontros com a sombra, com a *anima* e com as representações simbólicas do si-mesmo estão claramente delimitadas. Essa delimitação de conceitos e descrição do processo geral se dá de forma basicamente *personificada*.

O *Livro Vermelho* e a civilização em transição

O *Livro Vermelho* foi escrito quando o Ocidente estava entrando em uma crise cultural radical. Essa mudança civilizacional começou já no século XVIII com os começos da Revolução Industrial. A escrita do livro ocorreu simultaneamente à primeira grande guerra e suas profundas transformações culturais, que se manifestaram nos mais diversos campos da atividade humana, nas artes e nas ciências de uma forma geral. Ocorria uma verdadeira mudança de paradigma com profundos reflexos culturais. Nos começos do século XX novas ideias radicais estavam sendo inauguradas por Albert Einstein, como a Teoria da Relatividade Restrita, em 1906; no mesmo ano Jung publicava *A psicologia da demência precoce* e Freud os *Três ensaios sobre a Teoria da Sexualidade*, Picasso pintava a tela inaugural do Cubismo, *les Démoiselles d'Avignon*.

Sobre a tela de Picasso algumas palavras são importantes no contexto da revolução cultural da primeira década do século passado. O Cubismo de Picasso inaugura o método da múltipla perspectiva em pintura. Se na Idade Média a pintura apresentava uma perspectiva plana, o ponto de fuga é inaugurado pela técnica do *sfumato* de Leonardo da Vinci no Renascimento. Agora temos as múltiplas possibilidades de visualização oferecidas pelo Cubismo. Essa multiplicidade de perspectivas é bastante semelhante à visão simbólica e à perspectiva do inconsciente que a nova disciplina da psicanálise de Freud e Jung oferecia. É interessante lembrar também que as modelos da tela de Picasso eram as prostitutas da cidade de Avignon, isto é, elementos reprimidos e proibidos, a sexualidade recalcada, objeto de estudo principal de Freud[215].

É sempre importante lembrarmos que o *Liber Novus* surge em um momento de crise paradigmática, de mudança de referências na cultura como um todo. Era um momento dos inícios do século XX no qual grandes mudanças culturais, nas ciências e nas artes, ocorriam. Paralelamente à escrita do *Liber Novus* houve diversos movimentos de reação à unilateralidade do materialismo científico da Europa nos inícios do século XX. Em 1914, em Zurique,

---

215. Sobre a convergência de produções culturais no ano de 1906, cf. MARTIN, S. *Meaning in art*, 1990.

tinha origem o movimento artístico do *Dadaísmo*, um protesto vigoroso contra os excessos da racionalidade moderna[216].

Diversos outros movimentos religiosos e filosóficos se opunham também à Modernidade. Um deles foi promovido por um grupo de intelectuais e artistas que inauguraram um local de culto à natureza, o *Monte Veritá* (Montanha da Verdade), próximo à pequena cidade de Ascona, às margens do Lago Maggiore, fronteira da Suíça com a Itália[217]. Jung teve alguma participação nas atividades do Monte Veritá. Como ele, Herman Hesse, o psiquiatra Otto Gross, o estudioso da dança Laban e o escritor alemão laureado com o Nobel de 1912 Gerhardt Hauptmann. Um dos livros de Hauptmann mais conhecidos fala do espírito do Monte Veritá: o romance *O herege de Soana*, que tornou-se famoso em toda a Europa[218]. Nele Hauptmann narra a estória do jovem Padre Francisco que é transferido para a aldeia de Soana e se apaixona pela bela Ágata, filha de um amor incestuoso. Um conto erótico, crítica rigorosa de um cristianismo vazio, com propostas de volta a uma religião pagã de base naturalista. A jovem Ágata é descrita ao final do romance como uma verdadeira deusa da natureza, tendo atributos de beleza e poder de uma Grande Mãe. Nesse momento fica clara a proposta de uma redenção pela volta aos valores pré-cristãos. No movimento do Monte Veritá ideias da teosofia

216. O *movimento Dada* foi o movimento cultural de artistas intelectuais em forte oposição ao racionalismo imperante na Europa. Teve origem em Zurique em 1914, e suas principais figuras foram Tristan Tzara, Hugo Ball e Hans Arp. *Dada* poderia significar literalmente *cavalinho de madeira* ou representar o balbucio dos primeiros sons por uma criança (embora nunca se soube ao certo o significado do nome). Sobre o Dadaísmo como referência à situação europeia no momento da criação do *Liber Novus*, cf. a introdução de Shamdasani ao *Livro Vermelho*.

217. Sobre o significado cultural do Monte Veritá e seus principais representantes, cf. GREEN, M. *Mountain of Truth: the counterculture begins – Ascona 1900-1920*.

218. Cf. HAUPTMANN, G. *O herege de Soana*. Delta, 1963.

de Blavatsky, vegetarianismo e religiões orientais tiveram um papel importante. Todas essas questões emergiam como uma espécie de compensação aos valores materialistas da Revolução Industrial que tomava conta da Europa como uma avalancha. Esses movimentos de vai e vem entre racionalidade e irracionalidade, ciência e arte, ciência e religião são fluxos culturais contínuos que continuam até os dias de hoje e talvez sempre continuem, como uma necessidade psicológica no inconsciente cultural. Sanford Drob sugere que também o *Livro Vermelho* tenha uma função compensatória em relação às abordagens psicológicas atuais, que primam pela racionalidade[219]. Segundo Drob a influência da neurociência e de técnicas comportamentais em psicoterapia atual tem sido muito unilateral e o *Livro Vermelho* propõe uma abordagem na qual a imaginação e o irracional possam também ser contemplados.

Penso que as diversas abordagens do psíquico sob diversas perspectivas não invalidam o modelo junguiano do arquétipo e do cultivo das imagens. Esses diversos modelos de abordagem podem muito bem coexistir dentro do atual paradigma da complexidade. Como lembra Edgar Morin, a palavra latina *complexus* quer dizer *tecer junto*[220]. O recente projeto de pesquisa e mapeamento do cérebro para os próximos dez anos (o chamado projeto *conectoma* – em alusão a um outro projeto considerado mais *simples*(!), o projeto *genoma humano*) não invalida toda a abordagem do simbólico e do

---

219. Cf. o debate de Drob sobre as funções compensatórias do *Liber Novus* para a psicologia contemporânea em DROB, S. *Reading the Red Book*, cap. 13: "*The Red Book in Contemporary Psychology*".

220. Edgar Morin explica a escolha do termo *complexidade*: "o conhecimento, sob o império do cérebro, separa e reduz. Reduziremos o homem ao animal, ao físico-químico [...]. O problema-chave é de um pensamento que una. Por isso, a palavra complexidade, a meu ver, é tão importante, já que *complexus* significa 'o que é tecido junto', o que dá uma feição à tapeçaria" (MORIN, E. *Por uma reforma do pensamento*, 1999, p. 33).

imaginal. Ao lado do desenvolvimento das abordagens mais bio-
logizantes, pesquisas de laboratório têm demonstrado a eficiência
das técnicas de meditação e da alimentação natural na prevenção
de diversos males psíquicos e físicos[221]. Esses fatos demonstram a
possibilidade de integração criativa dessas várias abordagens.

O dinamismo global dessa crise de transformação é naturalmente intensificado pela velocidade das comunicações, pela internet e por trocas culturais muito intensas entre povos afastados
geograficamente. Fazendo parte desse momento de mudança, um
cientificismo exacerbado comanda certos domínios do saber. O
desenvolvimento da neurociência tem trazido novas perspectivas para o estudo da personalidade. Entretanto, com todo o desenvolvimento nesse campo, a questão *das relações da mente com
o cérebro-corpo* ainda é uma questão em aberto. Qual a relação
precisamente demonstrável entre cérebro (uma estrutura) com
a mente (um processo)? Como as estruturas neuronais, sinapses,
reações químicas se articulam com pensamentos, ideias filosóficas, imaginação, sentimentos de altruísmo e solidariedade? Essas
interrogações ainda não encontraram uma resposta satisfatória[222].
Da mesma forma, o inconsciente e a psique como um todo não
podem ser abarcados por métodos puramente experimentais e por
experiências de laboratório. Isso apesar de toda a ênfase dada ao
modelo biológico nos Estados Unidos e Europa, nos últimos anos.

Assim como o *Liber Novus* foi escrito em um momento de
grandes mudanças culturais, considero bastante significativo que
ele venha a público tantos anos depois de escrito, também em mo-

---

221. O neuropsiquiatra Servant-Schreiber procurou desenvolver um método de tratamento para o câncer baseado em medicina natural, meditação e exercícios físicos, associado aos
tratamentos convencionais da biomedicina. Cf. *Anticâncer*. Objetiva.

222. O limite estrutura (cérebro) *versus* processo (mente) em neurociência é discutido por
Damasio (2010) e Capra (2011), entre diversos outros.

mento de transição. O ano emblemático de 2000 é precisamente o ano em que a sociedade de herdeiros das Obras de Jung autorizou a publicação do *Livro Vermelho*. Assim como na época da escrita do livro a crise cultural era intensa, agora também as questões humanas estão em crise.

O ano 2000 representa uma época cheia de simbolismo, envolvida em fantasias milenaristas. O *milenarismo*, a ideia arquetípica de que o destino da humanidade ou de grupos humanos está intimamente ligado ao fluir do tempo e à periodicidade das eras, acompanha a humanidade desde os tempos mais remotos. Videntes, profetas e xamãs em todos os tempos sempre falaram de eventos milenaristas que trariam salvação, ou, ao inverso, condenação e maldição para a cultura.

O próprio Jung interessou-se pelo monge cisterciense milenarista Joaquim de Fiore, que viveu na Itália no século XII[223]. Fiore pregava uma doutrina milenarista segundo a qual o milênio antes de Cristo pertenceu ao Pai, o milênio da Lei Mosaica e obediência pelo medo; o primeiro milênio AD pertenceria ao Filho, uma época baseada em fé e amor, o segundo milênio AD começando em seu tempo pertenceria ao Espírito Santo. A influência do Espírito Santo determinaria o predomínio das ordens monásticas, da meditação e vida interior, uma atitude introspectiva ao invés da forte influência institucional tradicional.

Novamente, a partir do ano 2000, diversas fantasias milenaristas eclodiram na imaginação coletiva, algumas muito curiosas, como a predição de um certo *Calendário Maia* ou mesmo uma fantasia milenarista tecnológica, o chamado *Bug do milênio*. Segundo essa última predição, todos os computadores baseados no sistema digital não seriam capazes de operar por causa da notação de três

---

223. Sobre Jung e Joaquim de Fiore, cf. *Aion*. OC, vol. 9/2, § 137.

zeros no registro de datas. Esse temor milenarista tecnológico demonstrou ser um brinquedo de criança, uma piada de mau gosto se a compararmos com os acontecimentos políticos e sociais que se sucederam em cascata a partir do ano 2000:

> O ataque às Torres Gêmeas de Nova York em 11 de setembro de 2001 inaugurou o terceiro milênio, assinalando uma nova era na civilização em transição. O ano de 2002 foi um ano do deus Janus, o antigo deus romano dos portais, o deus de duas faces. Foi também um ano que os numerólogos chamam ano *capicua* (literalmente cabeça e cauda), número no qual o início e o fim são iguais e especulares (20-02) número no qual opostos simétricos se contemplam e se confrontam. Essa é uma época de confrontação radical de opostos, da civilização do novo, do renovável, do descartável, da tecnologia da informação (T.I.) que se renova a cada mês, confrontando a cultura do tradicional, medieval, dos valores permanentes e imutáveis das culturas do Oriente Médio. Haverá uma síntese possível entre esse choque de opostos?

Nesse mesmo tempo de crise e de expectativas milenaristas o *Liber Novus* é finalmente publicado pela Fundação Philemon em 2009. O *Livro Vermelho* é também um *livro de Janus* porque tem duas faces, muito de acordo com o período de transição no qual foi publicado: uma face olha para o passado, é tradicional, mesmo a aparência do livro é tradicional, parecendo um papiro medieval com sua escrita em letra gótica, suas iluminuras e suas ilustrações em têmpera de ovo. O livro fala dos inícios do cristianismo no deserto, quando Jung conversa com o anacoreta Amônio, que viveu nos primeiros séculos da Era Cristã. Antigas figuras do Antigo Testamento, Grécia Clássica e sociedades antigas estão também presentes. O encontro com Izdubar fala de uma necessidade de se estabelecer uma ponte significativa com as antigas culturas, uma ponte com o pensamento mitológico que foi seccionado pela Modernidade e sua *deusa razão*.

Mas existe uma outra face na estrutura de Janus do *Livro Vermelho*: a face que contempla o futuro, a que sugere novos caminhos e novas abordagens para a teoria psicológica e para a psicoterapia. Eu sintetizaria os novos caminhos abertos pelo *Livro Vermelho* em quatro itens principais:

A personificação de emoções, o conceito de si-mesmo e a individuação, o conceito de psique objetiva e, por último, o resultado prático dessas novas perspectivas, uma nova psicoterapia junguiana, redesenhada a partir das próprias vivências de Jung.

Personificando emoções

No confronto com as imagens pessoais que afloram em grande intensidade, fica claro que dar forma a emoções indiferenciadas foi um fator fundamental para uma integração gradual desses conteúdos por Jung. Podemos perceber, por exemplo, que emoções e tendências mais abstratas vão aos poucos, à medida que o livro avança, tornando-se mais definidas pela personificação[224]. O *espírito das profundezas*, o fator que leva Jung para a experiência interior, é a princípio uma voz, um chamado, uma inclinação. Somente ao final do *Liber Primus* ele aparece personificado como o Profeta Elias e posteriormente já na segunda parte do *Liber Secundus* como Filêmon. Essas sucessivas personificações permitem uma gradual integração dos conteúdos. Todo o *Liber Novus*, como já mencionamos, tem uma estrutura dupla, uma primeira de vivência mais emocional e direta de imagens, uma segunda parte de elaboração

---

224. A questão da *personificação* é abordada em detalhe no cap. 4. James Hillman considera o processo de personificação um dinamismo fundamental da alma em *Re-vendo a psicologia*. Vozes, cap. 1: "Personificando ou imaginando as coisas".

mais racional e de amplificação. Aqui a experiência se torna teoria e a teoria se torna método. Isto é, a partir de suas experiências fundamentais, Jung organiza uma teoria psicológica nova, baseada em imagens personificadas e no processo de individuação.

O conceito de si-mesmo e o processo de individuação

A partir de suas experiências descritas no *Liber Novus*, Jung organiza de forma coerente a intuição que o acompanhava desde a infância, a percepção da existência de um segundo centro da vida psíquica além do ego, o si-mesmo. Essa intuição central em sua vida emergiu periodicamente desde criança, quando, sentado em uma pedra próximo a sua casa, interrogava-se: "Sou eu que penso a pedra ou ela me pensa?"[225] Ou então as fantasias que tinha quando jovem que seria ao mesmo tempo um jovem comum e por outro lado um homem de aparência senhoril vestindo roupas do século XVIII[226]. O *Liber Novus* ajudou Jung a organizar teoricamente esse conceito. A individuação seria o processo de busca de uma organização psicológica nova em função de um novo centro da personalidade total, o si-mesmo.

Através dessas intuições e vivências pessoais Jung estabelece uma identidade teórica própria para seu pensamento, de forma coerente. A noção do si-mesmo como centro e ao mesmo tempo a totalidade da psique consciente e inconsciente cria uma diferenciação definitiva com a psicanálise tradicional. É verdade que, logo após esse período de separação de Freud que coincide com a escrita do *Liber Novus*, Jung enfatiza que seu conceito de inconsciente se diferencia do conceito de Freud, pois esse veria, segundo Jung, o inconsciente apenas como um depósito de material

---

225. Os diálogos com a pedra estão em MSR, p. 49ss.
226. As personalidades 1 e 2 estão relatadas em MSR, p. 66ss.

recalcado. O inconsciente seria um *epifenômeno* (fenômeno derivado) da consciência, não uma entidade em si. Enquanto a noção junguiana pressupõe um inconsciente como um *a priori* criativo, prenhe de imagens arquetípicas. Mas a psicanálise que Jung criticava era a pertencente à chamada *primeira tópica* de Freud com a psique esquematizada como consciência, pré-consciente (onde se localizam os processos subliminares) e inconsciente. Mas após sua obra *O Ego e Id*, de 1923, Freud chegou à chamada *segunda tópica*, com sua conhecida estrutura do id, ego e superego. Segundo essa tópica, o id, como estrutura inconsciente, é anterior à consciência. Nesse aspecto a estrutura mental freudiana se aproxima do modelo junguiano, no qual o inconsciente é um fenômeno primário. Mas para Freud o id sempre foi *um feixe de pulsões sem direção*. Com a noção de si-mesmo originada a partir de suas vivências no *Liber Novus*, Jung inaugura a noção de uma ordem no inconsciente diferente da do ego, uma função de uma ordenação prospectiva, apontando para um alvo adiante, isto é, uma *função teleológica*. Percebendo em suas fantasias, sonhos e pinturas um processo de organização diferente de uma intenção consciente isolada, pode conceituar o si-mesmo como centro organizador do todo. Ao mesmo tempo Jung conceituou o si-mesmo como a totalidade dos processos psíquicos conscientes e inconscientes. Analisando séries de sonhos em si próprio e em seus pacientes Jung pode observar o processo finalístico do si-mesmo em operação, apontando para a individuação.

O *Liber Novus* proporciona para Jung, desse modo, uma base a partir da qual ele irá sedimentar uma teoria da personalidade baseada em processos finalísticos organizados a partir do si-mesmo. Nesses processos a energia psíquica é sempre personificada em constante dialética com os processos conscientes.

A psique objetiva

Um dos aprendizados mais fundamentais de Jung em sua jornada interior do *Livro Vermelho* foi o ensinamento que teve com o Profeta Elias e posteriormente com Filêmon sobre os aspectos objetivos das camadas profundas do inconsciente. Ao encontrar as figuras numinosas de Elias e Salomé[227], Jung ficou perplexo com a proximidade de um santo profeta do Antigo Testamento com a pecadora Salomé, responsável pela decapitação de João Batista. Procurando uma explicação racional para o misterioso encontro, usa de seu pensamento racional, inicialmente fazendo uma interpretação das figuras, Elias como representando sua função psicológica mais diferenciada, o pensamento; Salomé, a bela mulher cega, sua função menos diferenciada, o sentimento. Em seguida, procura outra maneira de interagir com as figuras, empregando o método que mais tarde chamaria de *amplificação*: a imagem de um velho sábio com uma jovem seria uma maneira típica de personificação da energia psíquica do inconsciente coletivo; assim, nos contos de fada, aparece com frequência o velho acompanhado da princesa na montanha; na gnose, a lenda de Simão Mago e da jovem Helena; na alquimia, o alquimista como adepto acompanhado de sua Soror Mystica.

Surpreendentemente, Elias reage às interpretações racionais de Jung:

> Eu [Jung]: "O que vejo com os meus próprios olhos, isto é precisamente inconcebível para mim. Tu, Elias, que és um profeta, a boca de Deus, e ela [Salomé] um monstro sedento de sangue. Vós sois o símbolo dos mais extremos opostos".
>
> Elias: "Nós somos reais, e não um símbolo"[228].

---

227. Descrito no cap. 9 do *Liber Primus*. Cf. tb. meus comentários sobre Elias e Salomé no cap. 4.

228. *Liber Primus*, cap. 9, p. 246.

E mais adiante:

> Elias: "Tu podes chamar-nos de símbolos com o mesmo direito que podes chamar de símbolos também a outras pessoas iguais a ti. Nada enfraqueces e nada resolves ao nos chamar de símbolos".
>
> Eu: "Tu me lanças numa confusão terrível. Vós quereis ser reais?"
>
> Elias: "Com certeza somos aquilo que chamas de real. Aqui estamos e tu tens de nos aceitar. Tu tens a escolha"[229].

Nessa passagem fica colocado de forma radical o que Jung estabelecerá em sua obra como *realidade da alma*. Os eventos psicológicos são reais, tendo mesmo o estatuto de uma realidade objetiva. Chegando a formular isso, Jung iria propor uma camada da psique a qual denominou *psique objetiva* e que haveria um fator autônomo, consciente, presente no inconsciente. A elaboração em teoria dessas experiências da realidade da psique só pode ser realizada, muito mais tarde, em obras tardias de Jung[230]. O complexo conceito de *psique objetiva* ou realidade da alma abre caminho para uma nova epistemologia dos fenômenos mentais: como quer Jung, um conteúdo psíquico é verdadeiro na medida mesmo em que existe. Porque a partir de sua existência na psique ele opera e é efetivo. Além disso, o conteúdo psicológico tem existência objetiva, não sendo um mero epifenômeno da psique consciente. Essa verdadeira virada epistemológica encontra eco na moderna física,

---

229. Ibid., cap. 10, p. 249.

230. Jung reflete sobre a presença da consciência no inconsciente (assim como o do inconsciente na consciência) em *Considerações sobre a natureza da psique*. OC, vol. 8/2, § 381ss. Nesse trabalho Jung usa de metáforas alquímicas para falar da consciência presente no inconsciente, falando da *lumen naturae* – a luz da natureza – de Paracelso ou dos olhos luminosos de peixes no fundo das águas.

onde cai por terra a rígida discriminação sujeito-objeto. Jung reflete em obra posterior sobre seus achados de uma consciência no inconsciente, isto é, existiriam conteúdos conscientes autônomos no inconsciente, independentes da vontade consciente. Com essa proposição a própria estrutura tradicional da psique, polarizada entre as camadas do consciente e do inconsciente, fica questionada. Isso porque o termo *in-consciente* guarda resquícios de sua descoberta histórica, segundo a qual o inconsciente é visto como uma negação, ou ausência da consciência.

A oposição consciente-inconsciente pertence de fato às grandes polarizações que dominam a cultura e organizam o paradigma da Modernidade. Desde quando a humanidade fez a polarização primordial homem/natureza, a cultura humana tem se organizado por polarizações: civilizado/tribal, conquistador/conquistado, hemisfério norte/hemisfério sul, homem/mulher, espírito/matéria, alma/corpo, e muitas outras. Todas essas polarizações são sempre hierarquizadas e rígidas, o que é uma grave questão, isto é, o homem é visto sempre como superior à mulher, a alma ao corpo, o espírito à matéria, o civilizado ao tribal, e assim por diante[231]. Dentro do esquema polar consciente/inconsciente, também por definição sempre houve uma hierarquização, o in-consciente visto como uma falta, ou ausência de consciência, sempre o colocou, desde o princípio, em posição de inferioridade em relação à consciência. Se percorrermos com atenção a história da descoberta do inconsciente, veremos que a psicopatologia, os sintomas, o não aceito socialmente, foram sempre o caminho para a descoberta do inconsciente. Isto é, *o inconsciente sempre se manifestou pela psicopatologia*. Entretanto, a percepção do inconsciente como inferior não

---

231. Para as polarizações no paradigma moderno, cf. SOUSA SANTOS, B. *A crítica da razão indolente*, p. 90, em especial a nota 24.

faz justiça à importância do inconsciente como uma força criativa fundamental na vida humana, o inconsciente estando sempre presente nas artes, ciências e em toda criatividade humana.

Quando Jung, a partir de suas vivências descritas no *Liber Novus*, defende o inconsciente como valor em si, com sua autonomia e criatividade, *portador de sentido* (o espírito das profundezas personificado em Filêmon), esse inconsciente deixa de ser *in-consciente*, a expressão torna-se inapropriada. Daí a proposta de Jung por uma nova denominação, a de *psique objetiva*, expressão de uma camada do psiquismo universal comum a toda humanidade, possuidora de uma objetividade e autonomia próprias, deixando de ser um epifenômeno derivado da consciência, uma *partie inferieur* (Janet) da lúcida razão consciente.

Uma nova psicoterapia

Fala-se que a psicanálise e a chamada *psicologia profunda* (incluindo aí todas as escolas de psicoterapia que levam em consideração o inconsciente) estão em crise. Na verdade, a nosso ver, o que está em crise é um modelo de psicanálise mais tradicional, com várias consultas por semana e tomando longo tempo. Temos que estar abertos para novas formas de abordagens mais ágeis, com amplo emprego de técnicas expressivas propostas por Jung a partir de sua própria experiência no *Liber Novus*.

Em um processo de psicoterapia que tenha como referencial o inconsciente, dentro dos parâmetros de qualquer escola de pensamento, nos movemos em um processo de duas paralelas: de um lado, é importante ter um referencial teórico-operacional segundo o qual o processo não ocorra no escuro, de forma intuitiva. Por outro lado, o processo terapêutico será sempre o encontro direto e emocional entre duas pessoas. É importante lembrar que Jung sempre afirmou que a personalidade do terapeuta é o fator essencial para a cura. Em certa ocasião ele citou um pensador antigo: "a arte requer o homem inteiro"[232]. O *Livro Vermelho* é uma poderosa afirmação de que a experiência pessoal é fundamental no processo de cura psicológica. O livro é ainda um relato de um processo terapêutico do próprio Jung. Esse processo terapêutico não tem a ver com uma cura convencional de sintomas, mas tem muito mais afinidade com uma transformação total da personalidade. A vivência simbólica é o processo central de cura e transformação, os resultados imprevisíveis e de duração indeterminada. Isto é, é um processo que foge ao controle da consciência, não pode ser rigorosamente planejado. O processo se constrói a cada momento, o caminhante faz seu próprio caminho e as transformações ocorrem a cada passo.

No *Liber Novus* são lançadas as bases de uma terapia junguiana baseada na técnica de imaginação ativa. Jung elaborou a partir do encontro com personagens interiores uma forma nova e altamente criativa de trabalho com o inconsciente. Na obra *A função transcendente*, escrita à época do *Liber Novus*, esse processo foi primeiramente sistematizado. As bases de uma atitude nova perante o trabalho analítico são elaboradas a partir do *Liber Novus*: técnicas expressivas não verbais aparecem como importantes no processo.

O trabalho com imagens, pinturas, desenhos e esculturas fica bastante valorizado a partir das experiências de Jung, por ele próprio e por colaboradores. O trabalho com sonhos e imagens torna-se o centro do modelo junguiano. No Instituto C.G. Jung de Zurique é organizado o *Bild Archiv* (Arquivo de Imagens) para a pesquisa sistematizada de imagens arquetípicas em pinturas e produções plásticas em geral.

---

232. JUNG, C.G. *Psicologia e alquimia*. OC, vol. 12, § 6.

Analistas junguianos das gerações seguintes procuraram integrar o modelo da pesquisa de sonhos e de técnicas expressivas desenvolvidos por Jung a partir do *Liber Novus* com uma abordagem sistematizada de um *setting* terapêutico junguiano com a interpretação da transferência. Desenvolve-se um modelo de *transferência arquetípica*[233] e estudos sobre as relações primárias mãe-bebê e sua influência na psicopatologia. Diversos autores procuram uma integração teórica das ideias de Jung com autores psicanalíticos. Dentro desse modelo híbrido o trabalho de imaginação ativa permanece importante, a personificação de figuras arquetípicas continuando como fundamento para a compreensão do processo de individuação e da evolução do processo terapêutico.

A finalização da obra

Sobre a questão de resultados e tempo do processo, não podemos nos esquecer que Jung debruçou-se sobre o *Livro Vermelho* durante dezesseis anos. E deixou-o incompleto, em meio a uma frase, quando tentou retomá-lo em 1959[234]. Podemos considerar a empreitada de Jung um sucesso em relação ao trabalho consigo próprio?

Podemos afirmar que sim, que Jung não se perdeu em meio aos diversos símbolos do livro e que ele é a base não só de seu trabalho teórico posterior, mas também do trabalho consigo mesmo. Jung afirma que deixou o trabalho com o *Livro Vermelho* em 1928

---

233. Considero a noção de uma transferência arquetípica fundamental em terapia. A transferência está presente e opera, deve ser reconhecida por qualquer terapeuta. No entanto, ela será portadora de imagens arquetípicas e terá finalidade e sentido dentro do processo da análise.

234. Em 1959 Jung tenta retomar o *Livro Vermelho* e não vai adiante. No final da p. 190 da cópia caligráfica, ele termina com uma frase interrompida: "Sei que foi tremendamente inadequado esse empreendimento, mas, apesar de muito trabalho e desvios, fiquei fiel, mesmo que nunca tenha tido outra possibilidade..."

ao descobrir a alquimia, quando recebeu o tratado de alquimia
chinesa O *segredo da flor de ouro*, enviado pelo sinólogo Richard
Wilhelm. Entretanto, Jung já conhecia sem dúvida a alquimia
anteriormente, através de seu interesse no trabalho de Théodore Flournoy e seu contato com Hans Silberer. O psicanalista do
Círculo de Viena Hans Silberer tinha pesquisado alquimia desde
a primeira década do século XX e Jung conhecia seu trabalho, bem
como o de Théodore Flournoy, que também se interessou pelos
aspectos psicológicos da alquimia[235]. É verdade que Silberer tinha,
é claro, o viés mais lógico-redutivo da psicanálise, explorando a
alquimia e *as artes ocultas* (expressão usada em título de um de seus
livros) sob a ótica da sublimação e da defesa contra conteúdos recalcados. Jung a essa época não explorou a fundo o manancial simbólico da alquimia. Mas no *Liber Novus* os conteúdos alquímicos
aparecem a todo momento, principalmente o tema da operação da
conjunção de opostos (o *coniunctio*) considerada a operação alquímica final e mais importante[236]. Vemos esse simbolismo dos opostos nas imagens das serpentes branca e negra, a noite e a claridade,
e diversos outros. Mas o mais impressionante símbolo alquímico
aparece no capítulo XVII do *Liber Secundus*, denominado *Nox
Quarta* (Quarta Noite). Jung pinta uma ilustração de uma figura em negro, de chapéu. A figura se encontra em uma espécie de
cubículo fechado com chão quadrangular, de tonalidade significa-
tivamente claro-escura. Jung escreveu ao lado da ilustração: "esse

---

235. Silberer escreveu diversas obras sobre as "artes ocultas" do ponto de vista psicanalítico.
A mais interessante delas é *Problems of mysticism and its symbolism*. Jung, ao escrever *Transformações e símbolos da libido (Símbolos de transformação)* em 1912, faz uma primeira referência à alquimia, comparando a imagem do processo de cozinhar produzido por um paciente com as visões do alquimista Zózimo de Panópolis (SHAMDASANI, 2012, p. 167).
236. Jung se estendeu bastante sobre o profundo significado da operação da *coniunctio*
(conjunção) em alquimia na obra *Mysterium Coniunctionis*. OC, vol. 14.

é o ouro material no qual mora a sombra de Deus"[237]. A ideia do *ouro material* e dos metais como habitados pelos deuses planetários é uma antiga ideia da alquimia do período alexandrino[238]. Os deuses planetários descem de seu local de origem, os planetas, e se desenvolvem nos metais, no seio da terra. Constitui-se assim uma curiosa rede de correspondências entre planetas, metais e deuses. A psicologia do homem antigo é imbricada no meio ambiente e baseada em uma teia de correspondências significativas. Essas correspondências voltam a aparecer de modo significativo em material do inconsciente do homem contemporâneo. A alquimia constitui uma tradição *hilosoísta*, isto é, segundo ela o espírito e matéria (gr. *hylé*) estão imbricados[239]. Na alquimia não há a tradição de uma criação do mundo por um demiurgo, o espírito não é superior à matéria, que tem resgatada sua dignidade própria de grande mãe original. Essa cosmologia única talvez tenha sido a razão principal de Jung ter feito da alquimia sua referência principal em sua obra posterior ao *Liber Novus*.

Vemos então no trecho citado uma ideia alquímica clara. Se Jung já conhecia a alquimia, a descoberta do tratado alquímico não seria em si suficiente para que ele abandonasse a escrita do *Liber Novus*. O que podemos imaginar é que o processo bastante intenso de emergência das imagens do inconsciente durante os anos-chave de 1914-1917 tinha diminuído bastante em sua efervescência. As águas tumultuosas se acalmaram. Os símbolos tão ricos desse período foram sendo gradualmente inseridos no processo criativo de Jung nos anos subsequentes. Shamdasani fala de um processo não

237. Ilustração 115 referente ao cap. XVII do *Liber Secundus*, *"Nox Quarta"*. A ilustração tem a legenda: "Isso é o ouro material no qual mora a sombra de Deus".

238. Cf. a lenda da descida dos deuses planetários e nos metais da terra em Jung (*Modern psychology*, 1940-1941) e Eliade (*Ferreiros e alquimistas*).

239. Cf. a noção de *hilosoísmo* em JUNG, C.G. *Alchemy: The process of individuation* – Seminar 1940-1941. Zurique: C.G. Jung Institute.

linear, espiralado, de assimilação dessas experiências[240]. Em obras posteriores, os conteúdos do *Liber Novus* que emergiam em forma bruta, como símbolos a princípio confusos e sem um significado mais claro, foram gradualmente sendo incluídos em um sistema teórico consistente. Em 1928 a obra *O eu e o inconsciente* já fala de uma "técnica de diferenciação entre o eu e as figuras do inconsciente", e no ensaio de 1916, *A estrutura do inconsciente*, Jung fala de "tentativas de libertar a individualidade da psique coletiva"[241]. No livro *Tipos psicológicos* (1921) o encontro com Elias e Salomé sofre uma elaboração teórica bem sofisticada. Na verdade, tudo o que emergiu teoricamente depois na obra de Jung derivou dessas experiências seminais: a compreensão do Mito da Totalidade para a realização da personalidade, a crítica à religião institucional vazia, a abordagem multicultural tão importante para os dias atuais, o modelo do arquétipo articulando toda sua visão teórica.

Mas terá a contínua elaboração do *Livro Vermelho* realmente cessado em algum momento?

Shamdasani considerou a construção da Torre de Bollingen com suas misteriosas inscrições parte da elaboração do livro, um verdadeiro *Liber Quartus*[242]. Percebemos assim que o trabalho com esse estranho e revolucionário livro jamais foi na verdade abandonado, tenho tido continuidade sob diversas formas, além de emergir em obra teórica até o final da vida de seu autor.

---

240. Cf. a maneira espiralada de Jung colocar em sua obra teórica as experiências do *Liber Novus* na entrevista de Shamdasani a Anne Casement no *Journal of Analytical Psychology*, vol. 55, n. 1, 2010, p. 35-49.

241. A conferência *A estrutura do inconsciente* foi proferida originalmente em 1916, à época das experiências do *Liber Novus*. Nela Jung já fala de *tentativas de libertar a individualidade da psique coletiva*. Essa conferência irá originar em 1928 o livro *O eu e o inconsciente*. OC, vol. 7. Nele há um capítulo com o título "A técnica de diferenciação entre o eu e as figuras do inconsciente". Certamente um derivado direto das experiências do *Liber Novus*.

242. Shamdasani sugere que a Torre de Bollingen possa ser considerada um *Liber Quartus* na introdução ao *Livro Vermelho*.

Referências

ALIGHIERI, D. (1980). *A divina comédia*. São Paulo: Círculo do Livro [Trad. de Hernani Donato].

ARMSTRONG, K. (2005). *A short story of myth*. Nova York: Canongate.

BACHELARD, G. (1989). *A poética do espaço*. Rio de Janeiro: Martins Fontes.

BOECHAT, W. (2009). *A mitopoese da psique*: mito e individuação. 2. ed. Petrópolis: Vozes.

_____ (1984). "A transferência arquetípica". *Junguiana* – Revista da Sociedade Brasileira de Psicologia Analítica, n. 2, p. 69-80.

BORNHEIM, G. (org.) (1993). *Os filósofos pré-socráticos*. Rio de Janeiro: Cultrix.

BRANDÃO, J.S. (1991). *Dicionário Mítico-etimológico da Mitologia Grega*. 2 vols. Petrópolis: Vozes.

_____ (1987). *Mitologia grega*. Vol. III. Petrópolis: Vozes.

_____ (1986). *Mitologia grega*. Vol. I. Petrópolis: Vozes.

CARDOSO, H. (1995). "O Mito do Graal: resposta para a busca do homem moderno". In: BOECHAT, W. *Mitos e arquétipos do homem contemporâneo*. Petrópolis: Vozes.

CARNEIRO LEÃO, E. & WRUBLEWSKI, S. (1991). *Os pensadores originários*: Anaximandro, Parmênides, Heráclito. Petrópolis: Vozes.

CASEMENT, A. (2010). "Sonu Shamdasani interviewed by Ann Casement". *Journal of Analytical Psychology*, vol. 55, n. 1, fev./2010, p. 35-39.

CHODOROW, J. (2008). *Dance therapy and depth psychology*: the moving imagination. Nova York: Routledge.

_____ (1986). *Dance and body movement in therapy* – In The body in analysis. Murray Stein (org.). Illinois: Chiron [Org. de Murray Stein].

DAMASIO, A. (2010). *Self comes into mind*: Constructing the conscious Brain. Nova York: Pantheon/Kindle Amazon.

DA MATTA, R. (1978). *Carnavais, malandros e heróis* – Para uma sociologia do dilema brasileiro. 4. ed. Rio de Janeiro: Zahar.

DOURLEY, J.P. (1990). "Jung's impact on religious studies". In: BARNABY & D'ACIERNO (orgs.). *C.G. Jung and the humanities* – Towards a Hermeneutics of Culture. Princeton: Princeton University Press.

DROB, S. (2012). *Reading the Red Book* – An interpretive guide to C.G. Jung's Liber Novus. Nova Orleans: Spring Journals.

EDINGER, E. (1996). *The Aion lectures* – Exploring the Self in C.G Jung's Aion. Toronto: Inner City.

ELIADE, M. (1983). *História das crenças e das ideias religiosas*: da idade da pedra aos mistérios de Elêusis. Vol. 1. Rio de Janeiro: Zahar.

_____ (1962). *Patanjali et le yoga*. Paris: Du Seil.

ELLENBERGER, H. (1974). *À la découverte de l'inconscient* – Histoire de la psiquiatrie dynamique. Villeurbanne: Simép.

ERASMO, D. (2006). *Elogio da loucura*. Porto Alegre: L&PM [Trad. de Paulo Neves].

FERENCZI, S. (1955). *The clinical diary of Sándor Ferenczi*. Cambridge, MA: Harvard University Press [Org. de Judith Dupont].

FLOURNOY. T. (1994). *From India to the Planet Mars* – A case of multiple personality with imaginary languages. Princeton: Princeton University Press [Introdução de Sonu Shamdasani].

FREUD, S. (1937/1973). *Terminable and interminable analysis*. Vol. XXIII. Londres: Hoger & Straton.

_____ (1932/1971). *New introductory lectures on psychoanalysis*. Vol. XXII. Londres: Hoger & Straton.

GIEGERICH, W. (2008). *Initial thoughts about the Red Book of C.G. Jung*. [s.l.]: Spring.

GRAVES, R. (2004). *Mitos gregos*. São Paulo: Madras.

HANNAH, B. (1981). *Encounters with the soul*: active imagination as developed by C.G. Jung. Boston: Sigo.

HAYMAN, R. (2002). *A life of Jung*. [Reino Unido]: Bloomsbury.

HENDERSON, J. (1976). "Os mitos antigos e o homem moderno". In: JUNG, C.G. (org.). *O homem e seus símbolos*. Rio de Janeiro: Nova Fronteira.

HILLMAN, J. (2010). *Re-vendo a psicologia*. Petrópolis: Vozes [Coleção Reflexões Junguianas].

_____ (1983). *Healing Fictions*. Nova York: Station Hill.

_____ (1980). *Facing the gods*. Dallas: Spring.

HILLMAN, J. & SHAMDASANI, S. (2013). *Lament of the dead* – Psychology after Jung's Red Book. Nova York: Norton.

HÖLDERLIN, F. (1991). *Poemas*. São Paulo: Companhia das Letras [Trad. de José Paulo Paes].

HOLLER, S. (1990). *A gnose de Jung e os sete sermões aos mortos*. São Paulo: Cultrix.

HUMBERT, E.G. (1985). *Jung*. São Paulo: Summus.

JACOBY, M. (1987). *O encontro analítico*: transferência e relação humana. São Paulo: Cultrix.

JAFFÉ, A. (1979). *Word and Image*. Princeton: Princeton University Press [Bollingen Series].

_____ (1972). *From the life and work of C.G. Jung*. Londres: Hodder and Stoughton.

JUNG, C.G. (2010). *O Livro Vermelho – Liber Novus*. Petrópolis: Vozes [Edição e introdução de Sonu Shamdasani].

_____ (2009). *Children Dreams Seminar*. Princeton: Princeton University Press [Philemon series] [*Seminário de sonhos de crianças*. Petrópolis: Vozes].

_____ (2006). *Memórias, sonhos e reflexões*. Rio de Janeiro: Nova Fronteira [Organização e edição de Aniela Jaffé; apresentação de Sérgio Britto].

_____ (1999). *The psychology of kundalini yoga* – Notes of the Seminar given in 1952 by C.G. Jung. Princeton: Princeton University Press [Bollingen series] [Introdução de Sonu Shamdasani].

_____ (1983). *The Zofingia lectures*. Princeton: Princeton University Press [CW, vol. A].

_____ (1954/2011). "A psicologia da figura do *Trickster*". *Os arquétipos do inconsciente coletivo*. Petrópolis: Vozes [OC, vol. 9/1].

_____ (1952/2011). "Resposta a Jó". *Psicologia da religião ocidental e oriental*. Petrópolis: Vozes [OC, vol. 11/4].

_____ (1951/2011a). *Símbolos da transformação*. Petrópolis: Vozes [OC, vol. 5].

_____ (1951/2011b). *Aion* – Estudo sobre o simbolismo do si-mesmo. Petrópolis: Vozes [OC, vol. 9/2].

_____ (1950/2011a). "Um estudo empírico do processo de individuação". *Os arquétipos e o inconsciente coletivo*. Petrópolis: Vozes [OC, vol. 9/1].

_____ (1950/2011b). "O simbolismo do mandala". *Os arquétipos e o inconsciente coletivo*. Petrópolis: Vozes [OC, vol. 9/1].

_____ (1948/2011). "Interpretação psicológica do Dogma da Trindade". *Psicologia da religião ocidental e oriental*. Petrópolis: Vozes [OC, vol. 11/2].

_____ (1945/2011). *Psicologia e alquimia*. Petrópolis: Vozes [OC, vol. 12].

_____ (1939/2011). "Considerações teóricas sobre a natureza do psíquico". *A natureza da psique*. Petrópolis: Vozes [OC, vol. 8/2].

_____ (1928/2011a). "Comentário ao livro *O segredo da flor de ouro*". Petrópolis: Vozes [OC, vol. 13].

_____ (1928/2011b). *O eu e o inconsciente*. Petrópolis: Vozes [OC, vol. 7/2].

_____ (1928/1993). "O problema psíquico do homem moderno". *Psicologia em transição*. Petrópolis: Vozes [OC, vol. 10].

_____ (1925). *Analytical Psychology* – Notes on a Seminar given in 1925 by C.G. Jung. Kindle Amazon [Edição eletrônica].

_____ (1921/2011). *Tipos psicológicos*. Petrópolis: Vozes [OC, vol. 6].

_____ (1917/1957). "A função transcendente". *A natureza da psique*. Petrópolis: Vozes [OC, vol. 8/2].

_____ (1916/2011). "A estrutura do inconsciente". *O eu e o inconsciente*. Petrópolis: Vozes [OC, vol. 7/2].

_____ (1902). "The psychology and psychopathology of the so-called occult phenomena". *Psychiatric studies*. Princeton: Princeton University Press [CW, vol. 1].

JUNG, C.G. (org.) (1976). *O homem e seus símbolos*. Rio de Janeiro: Nova Fronteira.

JUNG, E. & VON FRANZ, M.-L. (1989). *A lenda do Graal*. São Paulo: Cultrix.

KALFF, D. (1980). *Sandplay*: a psychotherapeutic approach to the psyche. Santa Mônica, CA: Sigo.

KALSCHED, D. (2013). *Trauma and the soul*. Londres: Routledge.

KHUN, T. (1962/1998). *A estrutura das revoluções científicas*. 5. ed. São Paulo: Perspectiva.

MARTIN, S. (1990). "Meaning in art". In: BARNABY & D'ACIERNO (orgs.). *C.G. Jung and the humanities* – Towards a Hermeneutics of Culture. Princeton: Princeton University Press.

MEIER, C.A. (1967). *Ancient incubation and modern psychotherapy*. Evaston: Northwestern University Press.

MORIN, E. (1999). "Por uma reforma do pensamento". In: PENA-VEGA, A. & NASCIMENTO, E. (orgs.). *O pensar complexo*. Rio de Janeiro: Garamond.

PARIS, G. (1994). *Meditações pagãs*. Petrópolis: Vozes.

PERRY, J.W. (1974). *The far side of madness*. Nova Jersey: Prentice Hall.

QUISPELS, G. (1990). "Gnosis and Culture". In: BARNABY & D'ACIERNO (orgs.). *C.G. Jung and the humanities* – Towards a Hermeneutics of Culture. Princeton: Princeton University Press.

RADIN, P. (1972). *The trickster* – A study in american indian mythology. Nova York: Schocken Books [Com comentários de Karl Kerényi e de C.G. Jung].

RIBEIRO, P. (2011). *Primeiras crises psíquicas graves e a tipologia de Jung*: um estudo exploratório. Brasília: UnB [Dissertação de mestrado].

SERVANT-SCHREIBER, D. (2007). *Anticâncer* – Prevenir e vencer usando nossas defesas naturais. Rio de Janeiro: Objetiva.

SHAMDASANI, S. (2012a). "After Liber Novus". *The Journal of Analytical Psychology*, vol. 57, n. 3, jun./2012, p. 364-377.

_____ (2012b). *C.G. Jung* – A biography in Books. Nova York: Norton [*C.G. Jung* – Uma biografia em livros. Petrópolis: Vozes].

_____ (2010). "*Liber Novus*: O *Livro Vermelho* de C.G. Jung". In: JUNG, C.G. *O Livro Vermelho – Liber Novus*. Petrópolis: Vozes.

_____ (2007). *The Boundless Expanse*: Jung's reflection on death and life [Conferência na Jungian Psychoanalytical Association (JPA), Nova York, em 2 de novembro de 2007. Texto cedido pelo autor ao Instituto Junguiano do Rio Grande do Sul, AJB].

_____ (2006). *Jung e a construção da psicologia moderna* – O sonho de uma ciência. Aparecida: Ideias e Letras.

_____ (2005). *Jung stripped bare by his biographers, even*. Londres: Karnac.

_____ (1995). "Memories, Dreams, Omissions". *Spring*, n. 57. An annual of archetypal psychology and Jungian thought, p. 115-137. Dallas: Spring.

_____ (1994). "Encountering Hélène: Theodore Flournoy and the genesis of subliminal psychology". In: FLOURNOY, T. *From India to the Planet Mars* – A case of multiple personality with imaginary languages. Princeton: Princeton University Press.

_____ (1990). "A woman called Frank". *Spring*, n. 50: "An annual of archetypal psychology and Jungian thought", p. 26-56. Dallas: Spring.

SILBERER, H. (1971). *Hidden symbolism of alchemy and the occult arts.* Nova York: Dover [*Problems of mysticism and its symbolism*, ed. 1917].

SILVEIRA, N. (1980). *A esquizofrenia em imagens.* Rio de Janeiro: Alhambra.

SOLOMON, H. (2011). "Ethics and Jungian analysis". In: STEIN, M. (org.). *Jungian Psychoanalysis.* Kindle [Edição eletrônica].

SOUSA SANTOS, B. (2000). *A crítica da razão indolente* – Contra o desperdício da experiência. 2. ed. São Paulo: Cortez.

STEIN, M. (2011). "What is the Red Book for analytical psychology?" *The Journal of Analytical Psychology*, vol. 56, n. 5, nov., p. 590-606. Oxford, UK.

VON FRANZ, M.-L. (1975). *C.G. Jung*: His myth in our time. Nova York: C.G. Jung Foundation for Analytical Psychology. [*C.G. Jung*: seu mito em nosso tempo. São Paulo: Cultrix].

WILLI, W. (1944/1971). "The Orphic Mysteries and the Greek Spirit". *The Mysteries* – Papers from the Eranos Yearbooks. Princeton: Princeton University Press [Bollingen series].

WINNICOTT, D.W. (1989). "Review of Memories, Dreams, Reflexions". In: WINNICOTT, C.; SHEPHERD, R. & DAVIS, M. (orgs.). *Psychoanalytical Explorations.* Cambridge, MA: Harvard University Press, p. 482-492.

Documento eletrônico

DERRICK, E. (2011). *Monsalvat*: The Parsifal home Page-Kundry [Disponível em http://www.monsalvat.no/kundry.htm – Acesso em 12/01/2012].

Vídeos consultados

BRUTSCHE, P. & STEIN, M. *Windows of the Soul*. Ashville Center [DVD].

CAMPBELL, J. *The Power of Myth* [Coleção de quatro DVDs].

HILLMAN, J. *Images of the soul*. Lecture at Pacifica Institute [DVD].

STEIN, M. *The Red Book of C.G. Jung*. Ashville Center [2 DVDs].